OHSAMA
BUNKO

時代《とき》をこえて伝わる世界のことわざ108

エリコ・ロウ
牛嶋浩美［イラスト］

三笠書房

はじめに――時代も言語もこえた「ことば」の旅

今朝、家の裏の雑木林に栗の実が落ちているのを見つけました。イガは落ちておらず、ふっくらとした実がひとつだけ、地面で艶々光っていたのです。

「食べられそう！」と拾ってみると、いくつかの釘を刺したような穴と齧《かじ》ったような割れ目がありました。

あたりに栗の木はないし、他人は入れない場所。カラスが鋭い爪をくいこませてどこからか運んでいるうちに落としたのでしょうか。それとも、よく赤い実が連なる柊《ひいらぎ》の枝を口にくわえて庭を走っているリスが、どこか遠くに遠征して拾ってきたのでしょうか。想像が広がりました。

そういえば、子どもの頃に住んでいた家の庭にも栗の木がありました。

秋が来ると楽しみに木を見上げていたのですが実はならず、父が「桃栗3年柿8年、と言うのだよ」と教えてくれました。

人が大人にならないと子どもを産めないように、木もまず自分が育たなければ、実をつけることはできない。すぐには思いが叶わないこともあるが、そんな時には我慢が必要なのだ、と。もしかしたら、これが物心ついてから初めて聞いた格言だったかもしれません。

格言やことわざを心に留めるようになったのは、ネイティブ・アメリカンの格言に学ぶところが多かったからだと自分では思っていたのですが、振り返ってみれば、私は両親からもよくことわざを聞かされて育っていたのです。

弟の悪口を言って「人を呪わば穴ふたつ！」などと母に言われると、暗黒の大穴を想像して恐怖を感じ、その言葉を肝に銘じました。半世紀を経ても覚えているのですから、多くの言葉で諭《さと》すより効果的な戒めだったわけです。

色とりどりで形も様々な落ち葉が大地に敷き詰められた秋の雑木林を歩きながら、「言葉」という綴《つづ》りの美しさとみごとさに思いを馳《は》せました。

調べてみると、「ことば」は万葉集では言葉とも言羽とも綴られていたよう。いずれにしても葉っぱや羽が風に乗って旅するように、人の口から解き放たれた言葉が、口伝えや書き物として流布されていく様子が思い浮かびます。

古くから伝わり、言語の壁をこえて世界中で親しまれるようになった格言やことわざは、草花の薬効成分を抽出した精油のようなもの。住む時代や社会、文化、人種の違いにかかわらず、地球人が分かち合う幸福な生き方への知恵が凝縮されています。

本書では人の煩悩への薬とすべく１０８の言葉を選び、独自に得た学びを私が言葉で綴り、牛嶋浩美さんが絵にしてくれました。

皆様にも自由な発想で暮らしに活かしていただければ幸いです。

エリコ・ロウ

Contents

第1章 健康な生き方への養生訓

第2章
落ち込んだ時の薬

第3章
幸せのありか

第4章 家族を想う

第5章 人間関係を見つめて

第6章 将来への展望をひらく

第7章 より健やかな社会へ

第8章 古代人の警告

第1章

健康な生き方への養生訓

108
TIMELESS
LESSONS

1

怒りは自分に盛る毒

✳北米／先住民

108 TIMELESS LESSONS

「笑い」は怒りの解毒剤

アメリカ先住民の人々が、長きにわたり不公正で過酷な待遇を受けながらも温厚な民族性を保てたのは、この格言を養生訓としてきたからかもしれません。

怒りの有害性は現代医学も認識しています。怒りを感じれば人の身体は即座に反応して、心拍は乱れ、その信号を察知した脳は理知的な思考より「戦うか逃げるか」に走り、冷静な判断もしにくくなり、血圧も上昇します。

中国気功では怒りの気（エネルギー）は肝臓への毒素とされます。チベット仏教でも怒りは無知、欲望と並び、人のすべての苦悩の元となる三毒のひとつで、この三毒を体内から吐き出す浄化の呼吸法もあります。

北米の先住民の人々が、生活のなかで**怒りの解毒剤としてきたのは「笑い」**です。人々は怒りを爆発させる代わりに、その状況をジョークにして笑い飛ばすことができた。

気功でも上級技とされるこの術《すべ》を、北米の先住民の人々は幼い頃から実体験で学び、逆境にあっても心身の健康を守ってきたのです。

2

病気はなる前に治せ

✳ チベット

108 TIMELESS LESSONS

いつも「自然な状態」を保つこと

治療法が見つからない感染病が世界中に広がり、私たちは人類の儚《はかな》さを思い知らされることになりました。新型コロナウイルスは、持病があった人など一部の人には数日のうちに死さえもたらしました。一方でウイルスにつけいられる隙《すき》がなかった人、免疫力があった人は、何の症状も感じずにやりすごせたのです。

この格言が生まれたチベットの伝統医学では、人も地、水、火、風、空という自然の「五大元素」からできており、**心身の健康維持と成長にはその5つの異なるエネルギーの調和が肝心**で、バランスが崩れると病気になると考えます。

「病気はなる前に治せ」とは五大元素のバランスを保つこと。季節の変化に応じて、その地の自然に見合った食生活、ライフスタイルで暮らし、喜怒哀楽のバランスにも留意していれば、肉体・精神的な抵抗力も自然に高まるということです。病が流行してから慌ててサプリを大量摂取したり、気分がすぐれないからとすぐ向精神薬に頼ったりせずにすむようになる、ということなのでしょう。

3

歌う人は悲しみを捨てられる

＊ブラジル

108 TIMELESS LESSONS

声の振動は精神を安定させる

私の友人に、一日中鼻歌を歌い続けている女性がいます。ご飯を作りながら、洗濯物を干しながら、いつもフムフム歌っていて、とても楽しそう。旦那様が単身赴任の母子家庭のような状態ですし、ご近所との軋轢《あつれき》やお子さんの心配など、それなりに苦労もあるようですが、愚痴や弱気な発言はめったに聞きません。鬱々《うつうつ》とした気持ちを鼻歌で歌い飛ばせるのは素晴らしい才能に思えます。

歌が悲しみを消すことは医学的にも証明済み。私たちの身体の後頭部から喉《のど》の後ろのほうを通り腸までは、心身を落ち着かせてストレスを解消する「迷走神経」が走っています。**声の振動で迷走神経を刺激することは、私たちが生まれもった精神安定の特効薬**なのです。喉を震わすのがポイントなので、口を閉じたハミングでもＯＫ。歌わずとも気道を狭め、喉から音を出して深呼吸するだけでも緊張や不安感が解消できます。映画『スター・ウォーズ』のダース・ベイダーの息づかいのようなので、「ダース・ベイダーの呼吸法」としてアメリカのトラウマ解消専門医も薦《すす》める処方です。

4

頭と心を清めれば、すべては清まる

メキシコ／アステカ族

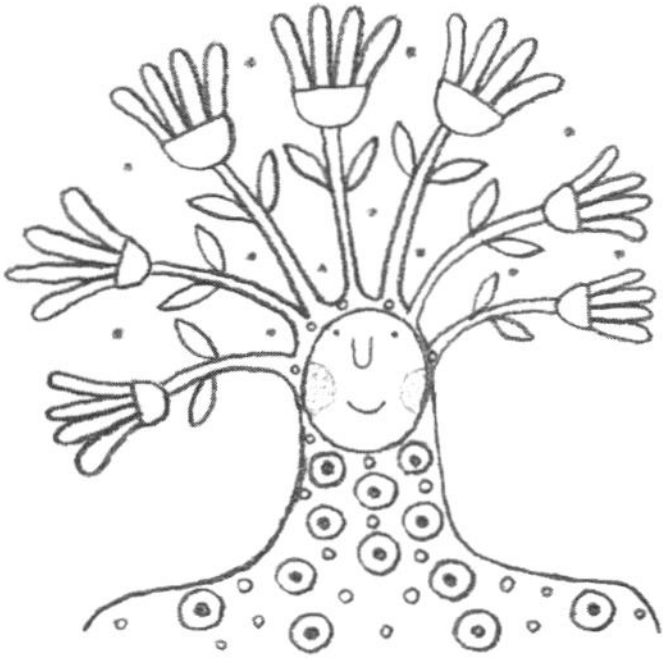

108 TIMELESS LESSONS

「外側」よりも「内側」の淀みを取り除く

日本人は世界でも特に綺麗好きな民族として知られています。日本の街路の綺麗さに驚いたという声もよく聞きますし、年末の大掃除があるのも日本くらいかもしれません。温泉でも、身体の隅々《すみずみ》までじっくりと洗う日本人は感心されます。

けれど、環境や身体の清潔さと同様に、頭や心の清潔さにも注意を払っていますか？　と尋ねたら「もちろん」と答えられる人はどれだけいるでしょう。「臭いものには蓋《ふた》をしろ」と内なる塵《ちり》や淀《よど》みに目を向けずにいれば、心の病にもなりかねません。

一方で、アステカ族に限らず、大地に根ざした暮らしをする米大陸の先住民の人々は、埃《ほこり》や泥には無頓着《むとんちゃく》ながら、内なる世界の清潔さには敏感。香草の煙で清める「スマッジ」や、蒸気と香草の煙で満たした暗闇の密閉空間で創造主と対話する「スウェットロッジ」なども、心身ともに清く保つための習慣です。

頭と心を清めることは、個人の健康だけでなく、健全な人間関係や円満な社会づくりにも欠かせないことを忘れてはいけないと思います。

5

身体は知識の神殿

✳エジプト

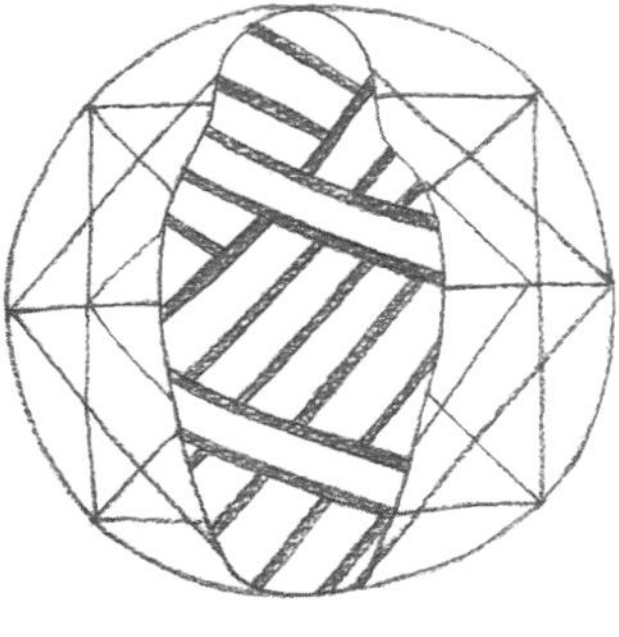

108 TIMELESS LESSONS

身体からのメッセージを無視してはいけない

怪我や病気になったらすぐ病院へ、身体を鍛えたければまずジムへ。専門家に頼れば大丈夫、と**自分の心身の管理を他人任せにしてしまっていませんか？**

しかし、**あなたという存在について最も知識豊富なのは、あなたの身体**。自分の身体を神殿のように大切にして、身体の声をご託宣《たくせん》として従うことが、ヘルシーに賢く人生を送る秘訣《ひけつ》なのだ、とこの格言は教えてくれています。

朝になると腹痛がするのは、前夜の食べ物のせいでなく、登校・出社拒否の心の叫びである場合も多いことはよく知られています。頭では好きだと思っていた人に会ったあと、身体で隙間風を感じたなら、それは危険信号。逆にそばにいると身体がリラックスするなら、あなたのためになる人だと、身体が教えてくれているのです。

身体の声に耳を傾ける努力をすれば、あなたに囁《ささや》き、呼びかけているメッセージが理解できるようになります。今度スーパーに行ったら、頭で食べたいと思ったものを買う前に、それを手に取った身体がどんな反応をするか試してみませんか？

6

半分食べ、2倍笑い、無制限に愛せ

チベット

108
TIMELESS
LESSONS

「笑い」を許す心のゆとりに「愛」は育つ

質素《しっそ》な高山生活を送るチベットに食べすぎを戒める格言とは意外でしょうが、チベット仏教の教えでは、食欲も苦悩をもたらす三毒のひとつ、執着心の表われです。

ダライ・ラマ法王が深刻な記者会見の間にも冗談をはさみ、自ら笑い転げていらっしゃるのを見て、「アメリカの先住民の人たちと同じだ」と感心したことがあります。チベット仏教の公式行事でも笑いが尊ばれるのは、圧政の犠牲になり何世代にもわたって過酷な試練に耐えるなかで、**笑いがもたらす癒《いや》しの効力**を感じてきたからでしょう。私の周囲のチベット人も、皆さんユーモアに満ちた楽しい人たちです。

食欲に関しては日本にも「腹八分」という教えがありますが、笑いに関しては「歯を見せるな」など人前で笑うことはむしろ戒められがち。そのせいか、外国人から見ると、日本人は普通の顔をしていても、しかめっ面と見られがちです。

あまり生真面目すぎるのも考えもの。**笑い、笑われることを許し合う心のゆとりが**あってこそ、無制限の愛、無条件の愛も育つのではないでしょうか。

7

控えめに食べていても死なないが、
食い意地は殺人鬼。
少しだけ食べていれば、
みごとに生きられる

＊シュメール

108
TIMELESS
LESSONS

食源となってくれた動植物がいる

食べすぎに気づかない現代人は、身体の警告も無視して、かつてなかった様々な病気で心身を病むようになりました。先進国では、貧しい人の一カ月分の食費が一晩で飛ぶような高級な食事を賞味することがステータスになっています。

けれど、**美味礼賛《びみらいさん》にいそしみ食欲と自己顕示欲を満たすことが、本当に洗練された生き方なのでしょうか**。地球の生態系の破壊、自然環境の破壊も、より美味しいものをいつもたくさん食べたいという人間の強欲さの帰結でもあります。その点では裕福な財力でグルメ志向の日本人は、その先鋒《せんぽう》にいるのかもしれません。

太平洋の対岸の米北西部でも、19種類の野生の鮭が絶滅の危機にあるそうで、人気の鮭をメニューからはずすレストランが増えています。豪華な海鮮丼やちらし寿司をそそくさと食べる代わりに、たった一切れのお刺身をゆっくり味わいながら食べてみれば、食源となってくれた動植物へのありがたみも増し、人生の新鮮な味わいも見いだせるかもしれません。

8

すべての内臓は一緒に働く

＊エジプト

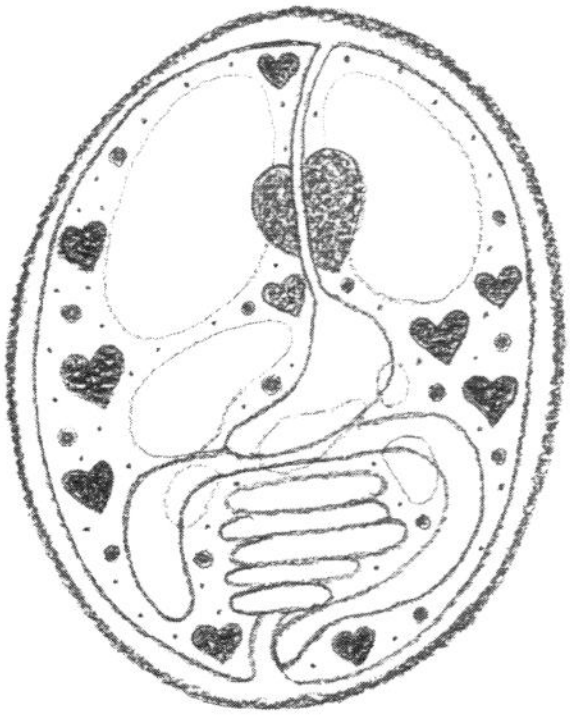

108
TIMELESS
LESSONS

人の身体は森のようなもの

医療の分化が進み、今では１２０種類の専門医学がありますが、西洋で専門医という概念が浸透《しんとう》しだしたのは18世紀以降のこと。それまで西洋医学の基盤だった古代ギリシャの医学では、**全身に影響する体液の質やバランス**に問題が生じると病気になるとされていました。長く薬草などの知識に長けた「癒し人」に頼っていた医療は、解《かい》剖《ぼう》学の発達により、専門の医師や医院に任されるようになったのです。

けれど、極度に専門化した医療では対処できない病気や症状が蔓延《まんえん》し、近年になって再び、目には見えない気や体液の役割を認識していた古代ギリシャの医学や、古代から現代に至るまで一貫して、見えない生命エネルギーや五臓六腑《ごぞうろっぷ》の関係を重視してきたインド、中国、チベットなどの東洋医学が見直されるようになっています。

人の身体は森のようなもの。森の健康は植物や動物、菌類の関わり合い、光や風、水の影響によって維持されています。木を見て森を見ずでは人の健康は保てないことは、患者の側も再認識しておくべきでしょう。

9

酸味、甘味、苦味、辛味のすべてを味わえ

中国

108 TIMELESS LESSONS

どんな味の出来事も、人生には欠かせないスパイス

中国の伝統医学では、食べ物には**酸《さん》・苦《く》・甘《かん》・辛《しん》・鹹《かん》**の5つの味があり、酸味は肝臓と胆嚢《たんのう》、苦味は心臓と小腸、甘味は脾臓《ひぞう》と胃、辛味は肺と大腸、鹹味《かんみ》（塩味）は腎臓と膀胱《ぼうこう》の働きを補うとされています。ですから、たとえば、肝臓が弱っている時には酸っぱいものが食べたくなるといったように、求める味覚から自分の体調の変化を知ることができるというわけです。

とはいえ、良薬も過剰に摂取すれば毒になるように、どんな食べ物も食べすぎは禁物。栄養素だけでなく、味覚的にもバランスがとれた食生活を心がけ、休むことなく働き続ける内臓を思いやって、五味をしっかり味わいながら食べてみませんか？

酸味、甘味、苦味、辛味のすべてを味わえ、というこの格言は、人生体験にもあてはまるような気がします。英語では「人との関係がサワーに（酸っぱく）なった」「ビタースイート（ほろ苦い）体験」といった表現もあります。**様々な味わいの体験を経ることこそ人生の「生き甲斐《がい》」**、と思うようにすべきなのかもしれません。

10

禁酒したいなら、しらふの時に酔っ払いから学べ

中国

108 TIMELESS LESSONS

「客観視」することの大切さ

私の父はふだんは温厚で周囲からも尊敬される人でしたが、大酒飲みで、酔うと怒鳴ったり延々と説教をしだすことがありました。私が子どもの頃、酔っ払ってクダをまいている父の声を録音し、翌朝しらふになった父に聞かせたことがあります。父は一瞬困惑し、それが自分の声だとわかると、烈火《れっか》のごとく怒りました。覚えていない自分の醜態《しゅうたい》を子どもに指摘されたのは、さぞかしショックだったことでしょう。

この格言は他の悪癖にもあてはまります。私は一時期「君が来ると匂いでわかる」と呆《あき》れられても気にしないチェーン・スモーカーでしたが、禁煙してから、喫煙者が喫煙中以外も周囲にタバコ臭さで迷惑をかけていたのだと知り、反省しました。

日本にも「人のふり見て我がふり直せ」という言葉がありますが、肝心なのは「しらふの時に」。**何かに没頭している最中には、その振る舞いの帰結や周囲への影響には気が回らなくなっている**からです。悪癖を絶つには、まず「しらふ」になり、客観的に自分を見つめる時間をもつようにしたいものです。

11

イグルーにはぬくもり、ランプには油、心には平和を

イヌイット族

108 TIMELESS LESSONS

当たり前のことに感謝できれば毎日を穏やかに過ごせる

幸せや心の安らかさは、財産や社会的地位にかかわらないと承知しているはずなのに、私たちは不満の種を外に探しがちです。物質的に豊かになるほど、人間関係が広がるほど、私たちの心の平和を脅《おびや》かす要素も増していきます。

雪と氷に閉ざされた極北の地に住むイヌイットの人々の言葉が思い出させてくれるのは、**日常の暮らしを維持できる最低限の環境があれば、心の平和は保てるはずだ、**ということ。イグルーとは、雪を固めてブロックにしたものを積み重ねて作る、ドーム型のシェルター。かつては魚や獣を求めて年中移動せざるをえなかったイヌイットの人たちの暮らしの知恵から生まれた仮住まいです。

ないものねだりで心に波風を立てる代わりに、寒い冬でも暖かく過ごせる家があることに、そして闇を照らしてくれる明かりがあることに感謝してみませんか。それを朝起きた時、そして夜眠りにつく前の日課にすれば、より平穏な満ち足りた気分で毎日が過ごせ、睡眠の質も高まり、よりよい夢が見られるようになるでしょう。

12

自然から離れれば心が頑《かたく》なになる

北米／ラコタ族

108 TIMELESS LESSONS

どんな生活にも「自然」を取り入れることができる

アメリカで開かれた世界の先住民の長老会議の取材に行ったことがあります。出席者には快適なホテルの個室が用意されていたのですが、「大地から切り離されたコンクリートの箱の中では眠れない」という声が続出。帰ると言いだす長老も出て主催者は大慌て。キャンプ用のテントをホテルの敷地内に造設して事なきを得ていました。

自然が人の健康にいいことは、最近の科学によっても証明されています。被験者に難しい数学の計算を続けさせたあと、あるグループには自然の環境音を聞きながら休ませ、別のグループには都市の雑音を聞きながら休ませてからストレスホルモンの量を測ったところ、ストレス度が高かったのは後者でした。

大自然のなかで暮らせるという人こそ限られていますが、都市での生活にも自然を取り入れることはできます。森林浴や海水浴に行くのはもちろんのこと、**室内に植物や自然の風景の写真を飾ること、海や森の自然のサウンドを取り入れること**も可能です。こうした簡単な「自然療法」を、しなやかな心の維持に役立ててみませんか？

Column 1

一期一会の関わり合い「トーキング・サークル」の教え

「トーキング・サークル」という北米の先住民の伝統儀式があります。

文字通り、人々が輪になって座り、語り合う集いです。先住民社会に起きた問題の解決策を協議したり、心に抱えてきた悩みを明かし合ったり、様々な目的で古代から利用されてきたようです。

トーキング・サークルの開催にあたっては、まずセージなど聖なる薬草を焚《た》いた煙で、その場と参加者のひとりひとりの心身を清めます。

そして、手にした人に真実を語らせる神秘力をもつとされる鷲《わし》の羽や木の枝などで作られたトーキング・スティックをマイク代わりにして順番にまわし、ひとりずつ喋ります。

誰もが好きなだけ喋り続けることができ、たとえ長老でも口を挟むことはできないのが決まりです。

私はミクマク族の伝統文化を学ぶ集いで、このトーキング・サークルに参加しました。

その頃住んでいたニューヨークでは、どんな集いでも誰もが他人の発言を途中で遮《さえぎ》って喋りだすので、私もそうできるようにと努めていたところでした。

延々と続く他人の発言を聞き続けるトーキング・サークルは、最初は苦痛で、自分には関係ないと思い、苛立《いらだ》ちながら聞いていました。しかし次第に、長く私が疑問に思っていたことへの答えが得られたり、意外な発見があったり、赤の他人に偏見や先入観をもつことの愚かさに気づかされたりしました。

すべての偶然は必然。トーキング・サークルは「大いなる神秘」のお導き。

一期一会の関わり合いへの感謝も深まりました。

第2章

落ち込んだ時の薬

108
TIMELESS
LESSONS

13

カラスが鷲になる必要はない

✳北米／スクアミッシュ族

他人と比較することをやめる

コロンブスによる侵略以前のアメリカには、500部族もの先住民が共存していました。文化や言葉も様々でしたが、共通の信条は、すべての創造主たる「大いなる神秘」への畏敬《いけい》、そして母なる地球に生まれた兄弟姉妹としての動植物の尊重。鷲は特に、天の「大いなる神秘」の遣《つか》いとして崇《あが》められてきましたが、**その他のどんな鳥にも学ぶべき優れた特性がある**とみなされています。

スクアミッシュ族など北米大陸北西部に根づいた部族の伝説によく登場するのは、ワタリガラス。都市では喧《やかま》しい残飯あらしの害鳥とされるカラスの仲間ですが、ここでは知恵者で、迫る危険やニュースを伝えるメッセンジャーとして尊重されています。

私たちはともすれば他人と比較して劣等感を抱いたり、他人を羨《うらや》んだりしがちです。そんな時には「大いなる神秘」はすべてに美を見いだすとするこの格言を思い出してください。外に向きがちな視線を内に向けて、鳥が羽繕《はづくろ》いをするように、**自分なりの長所や美しさを見いだし、それに磨きをかければよい**のです。

14

昨日のために今日を費やしすぎてはならない

＊北米／チェロキー族

108 TIMELESS LESSONS

「今この瞬間の自分」に気配りを

朝一番に歯を磨きながら、あなたは何を考えていますか？　お風呂のなかで思い巡らすことは？——心理学者によれば、人が日々巡らせる思考の9割は、過去の出来事の反芻《はんすう》や回顧や分析、またはこれから起きることへの期待や不安、計画だそうです。

先住民の格言もこれを戒めているということは、過去にこだわりがちなのは現代人だけではないようです。実際、私たちの脳は、いい思い出よりも悪い思い出、希望より不安に注意を向けるようにできているのだそう。危険を繰り返さないための生存本能によるものですが、そのために、今この瞬間の自分の状態や行為にしっかり気を配れないようでは、逆に過去の過ちを繰り返すことにもなります。

アメリカでは70年代に、**「Be Here Now」**という提唱に共感して、過去や未来に走りがちな思考を一時停止するための「今」専用時間を設ける方法として、ヨガや瞑《めい》想《そう》を習慣にする人が増えました。しかし、何より大切なのは、何をしている時にも**気を移ろわせずに目の前の作業に気を入れるという「気配り」**のようにも思います。

15

夜が長くても、必ず朝はやってくる

✳アフリカ

108 TIMELESS LESSONS

人生にも昼と夜があるのは自然の成り行き

シアトルから車で3時間ほど北上したカナダのバンクーバーに引っ越して気づいたのは、冬の間の昼の短さでした。

生活の背景となる自然環境が変わったのに、慣れ親しんだ「夕方の6時頃までは仕事」というスケジュール感で暮らしていたら、すべきことを終えていないうちに暗くなってくるので焦りが生まれ、気分が落ち込んでいく気がしました。

考えてみれば、照明が普及して以降、**人類は夜に昼のふりをさせ、常に活動を続けて**生産性の向上を求め、同時に自分たち自身にも常に生産的であることを強いるようになってしまったようです。その結果、暗くなったらダウンタイムと諦めてゆっくり休息していた頃の人々にはなかったストレスや病気も抱え込んでいます。

一日に昼と夜があるように、人生の過程にも、不調を感じたり、何をやってもうまくいかない「夜」があるのは自然の成り行き、と考えてみませんか？　焦らずに休息を楽しめば、朝の光にも気づきやすくなるのかもしれません。

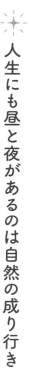

16

最も暗いのは夜明け前

✳ アイスランド

108 TIMELESS LESSONS

「どん底」を経験したからこそ見える突破口

長い夜の過ごし方に最も精通しているのは、北極に近い地域に住む人々でしょう。アイスランドでは真冬には11時頃まで日は昇らず、16時過ぎには再び日が沈み始めるという「極夜」が続きます。その代わりに、夏至の頃には24時間太陽が沈まず、かといって真昼のように明るいわけでもない「白夜」となるそうです。

夜の闇のグラデーションに慣れ親しむアイスランドで伝えられてきたこの格言は、私たちの心に闇が広がりだした時に思い出したい教えです。

成功者の苦労話としてよく聞くのも**「どん底」を経験して初めて突破口を見いだしたというもの。**抵抗をやめて、こだわりを手放したことで救われる人も多いのです。

苦しみや痛みといった暗闇から逃げようとするのが私たちの本能ですが、逆に暗闇のいちばん奥深くにまで意識を向けていきなさい、という仏教の教えもあります。その暗闇の底にあるのは「空《くう》」。つまり何もないことに気づけば、苦悩は消え、光明に目覚められる、ということなのです。

17

穏やかな海は
秀でた船乗りを生まない

＊アフリカ

108 TIMELESS LESSONS

荒波に揺られた時こそ転機のいいチャンス

ビートルズに見込まれ大成功、半世紀以上もの人気を誇るシンガーソングライターのジェイムス・テイラー。高校生の頃に心を病み、一年間も精神科病院に入院していた過去を知って驚きましたが、なるほど、苦労した人だからこそ、他人の心の琴線《きんせん》に触れる音楽を生み出せたのだとも思いました。良家に生まれた彼は、研究者になるべく有名進学校に通っていましたが、そのストレスに耐えきれなくなったのだそうです。でも振り返れば、それによって親の期待や制約から解放され、自分が本当に望む道に進むことができたので、人生で最高の出来事だったと語っています。

自分が0から生み出したアップル社から解雇されるという試練を乗り越え、再び大成功したスティーブ・ジョブズも「解雇されたことで成功者の重みを捨て、初心者の気軽さに戻れたことで、創造力を最大限に発揮できた」と語っています。

外界の荒波に揺られた時にこそ、慌てず騒がず、転機のいいチャンスと見て視野を広げれば、内なる叡智《えいち》が新たな導きをくれるものなのです。

18

庭の日差しは移ろっても太陽が心から去ることはない

✳シュメール

108 TIMELESS LESSONS

人生も晴れのち曇りの連続

生まれて初めて、太陽が燦々《さんさん》とさす南向きのバルコニーがある家で日光浴を日課にできるようになり、日差しのパワーを再認識しました。

空に浮かんだ雲の動きがめまぐるしい日に、ゆったりと寝そべって日光浴をしていると、目を閉じたままでも、お陽さまが雲の後ろに隠れたことがわかります。途端にひんやりと気温が下がったのを肌で感じ、まぶたの内側も暗さを増すからです。

考えてみれば、**人生も晴れのち曇りの連続**といえそうです。生涯にわたって快晴でいられる人はおそらく稀《まれ》で、多くの人は外界の出来事や他人との関わりによって心に暗雲が立ち込めたように感じたり、時にはにわか雨のように涙が頬を伝うこともあるでしょう。

そんな日には雨宿り。真夏のビーチで佇《たたず》んでいるつもりで、目を閉じて深呼吸しながら、心のなかに眩《まぶ》しい太陽を思い浮かべてみましょう。**リラックスして心のなかに光を広げれば、常に力走する必要はないのだと安心できる**でしょう。

19

金は打たれて輝きだす

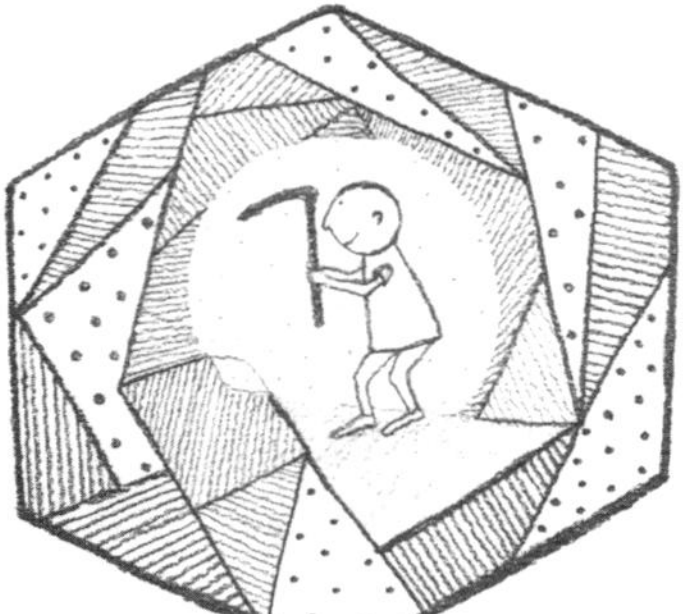

＊アフリカ

108 TIMELESS LESSONS

原石は叩かれ磨かれて輝きを増す

人々を魅了する金もダイヤモンドも、原石の状態ではそのきらめきはかすかで、価値を知るのは目利きだけ。人間も内に輝きを秘めたそれら原石と同じだと考えてみれば、他人や自分を見る目も優しくなり、我慢強くなれるような気がします。

人が内包する金やダイヤモンドにあたるのは、その人が生まれもった資質や潜在能力。それは知能や音楽や芸術、スポーツなどの才能や技能である場合もあるし、困った人に真っ先に手を差し伸べる慈愛や利他の精神、または人の緊張をほぐすユーモアの精神かもしれません。

人生とは、人が自分なりの輝きを増すために叩かれ磨かれていく過程。**他人から叩かれたと感じた時には、ゴールドの火花が散ってあなたの輝きが露呈される**様子を想像すれば、自信すら湧《わ》くでしょう。これまで密《ひそ》かに見下してきた他人に対しても、**この人は何の原石なのだろうと考えてみる**ことで、気づかずにいた長所を発見できるようになり、あなた自身の輝きも増すでしょう。

20

不運はあなたの道にだけでなく、どこにでも生える

＊北米／先住民

108 TIMELESS LESSONS

人生は誰にとっても障害物競走

英語には「Why me!?」という表現があります。アメリカ人には、不運に見舞われた途端に神様に裏切られたと感じて信仰を捨てる人も多いのです。大震災にあっても取り乱さず、社会の秩序を守った日本人の精神性は、彼らを驚かせました。

とはいえ、人生を狂わせるほどの出来事が突然に起きれば、「なぜ私がこんな目に？」と感じ、自分の落ち度を探して悔やんだり、誰かや何かに不満や怒りを向けたくもなるもの。そんな時に思い出したいのが、この言葉です。

私がイメージするのは、大小の障害や不運の茨《いばら》が繁茂《はんも》する森のなかで、すり傷を負いながらもそれぞれの道を切りひらいていく動物たちの姿。人間もその仲間で、しかも器用な手先と「使いよう」によっては役立つ頭に恵まれています。

人生は、誰にとっても障害物競走のようなものなのです。でも、**障害物だと思っていた茨の多くが実は薬草**で、通過するたびに貴重な教訓を授けてくれると思えば、感謝の気持ちで不運を乗り越えてゆけるのではないでしょうか。

21

目に涙がなければ、魂に虹はかからない

北米／先住民

108 TIMELESS LESSONS

「No Rain, No Rainbow」

「虹」はごく普通の気象現象のひとつですが、そこに人智をこえた神秘的な意味合いを見いだすのは世界共通のようです。嵐のあとの大きな虹はまさに嬉しいサインで、未来は明るいという希望を私たちに運んでくれます。また、聖地で虹に出迎えられるなど、特別な出来事に際して虹を見かけることもあります。今上《きんじょう》天皇の即位《そくい》礼正殿《れいせいでん》の儀《ぎ》の日に虹が見られた際には、天の祝福と受け止めた人も多かったことでしょう。

米大陸の先住民の間には、**人類が窮地《きゅうち》に陥《おちい》った時に虹色の戦士が現われ世界を救う**という言い伝えがあります。チベットでは古代から、**悟りを開いた人が亡くなる時には肉体が虹の光になって消滅する**とされ、「虹の身体」と呼ばれるこの神秘現象は現代でも目撃、記録されています。

つらさをこらえきれなくなり涙が目から溢《あふ》れ出した時には、この言葉を思い出してください。今の辛苦《しんく》は、やがて虹のように光輝く存在になるための人生修行なのだと思えば、心に新たな光を招きいれることもできるでしょう。

22

一度熊に噛《か》まれたら、人生はかつてなく甘くなる

✳ イヌイット

108 TIMELESS LESSONS

「今あるもの」を大切にできる心

絶体絶命と感じた窮地から脱した時こそ、それまで半睡状態で暮らしてきたことに気づき、今後の生き方を見直すチャンスです。

消費経済で成り立つ現代社会で、私たちは常に新たなモノやサービスを利用し、「よりよい暮らし」を求めることを促《うなが》されています。自分がもっていないもの、まだ成し遂げていないことばかりに注意を向けてしまっているために、**すでに自分が得ているものや恵まれた境遇をしっかり味わい、楽しむことができていない**のです。

自然の生態系のなかでは、熊は人の天敵ではありません。熊に襲われるのは、ぼんやり歩いていたために熊に気づかず接近してしまったか、挑発するような行動で熊に危険を感じさせたから。

この格言の学びを受け止めて、ふだんからマインドフルな生き方をしていれば、そもそも熊に噛まれるような状況に陥ることも少なくなるはずです。

23

あなたが
偉大になるためのすべては、
すでにあなたのなかにある

＊北米／クロー族

108 TIMELESS LESSONS

外見よりも内なる輝きを磨く

北米の先住民は、今でも季節のお祭りなどが行なわれる日には、たくさんのごちそうを用意して朝から晩まで先客万来。親しい人もそうでない人も勝手に家に入ってきて食卓につき歓談、満腹になれば次の人に席を譲るのです。そうした集いの場での人々を見ていて感心したのは、**本当に偉い人ほど偉ぶらない**、ということでした。

先住民の社会でも、高そうなスーツを着て、偉そうにしている政治家がいますが、人々が畏敬する部族のスピリチュアルな伝統を継承する長老は皆、身なりも質素で態度も控えめ、宴席でも末席でむしろ目立たないようにしています。

もちろん、公式な行事では昔ながらの華麗な装束《しょうぞく》で酋長《しゅうちょう》のイメージに変身するとしても、**ふだんの生活では、外見を着飾ったり、肩をいからせることで自分の存在を周囲に知らせる必要がない**ことを彼らは知っているのです。

私たちも集いに出かけるファッションや持ち物に頭を悩ませるよりは、出会った人に中身で印象を残せるよう、内なる輝きを磨くべきなのかもしれません。

24

崖で競えば
ヤギは馬より速い

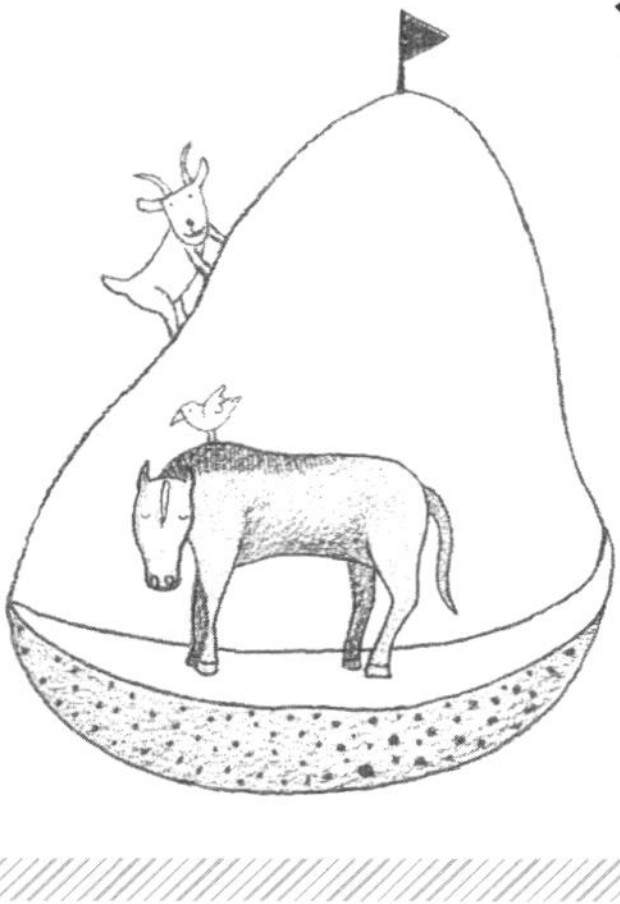

＊チベット

108
TIMELESS
LESSONS

誰もが唯一無二の個性をもつ存在

動物園のヤギは駆け回ることもできず、愚鈍《ぐどん》な動物とみられがちですが、野生のヤギは好奇心旺盛、急な岩山もかけ登れる俊敏さがあり、草食動物のなかで唯一、木にも登れるそうです。牧場でヤギの兄弟がお互いに頭からまっすぐに突進し、角を絡ませ、まるで相撲をとるようにしているのを見て、その勇猛さに驚いたこともあります。

標高4千メートルをこえるチベットの高原に棲息《せいそく》するヤギは、一年の多くを雪で覆われた環境に耐えられるよう、分厚い毛皮を発達させたパシュミナヤギ。パシュミナのスカーフでその毛に触れたことがある人もいることでしょう。

この言葉から学ぶべきは、**見かけや先入観で人を比較することの愚かさ**。一卵性双生児ですら遺伝子の発現の仕方は異なり、兄弟姉妹でも生まれたタイミングによって親の成熟度や育つ環境も異なるわけで、人は誰もが唯一無二の個性をもつ存在。無意味な比較はやめて、ここなら誰にも負けないというフィールドを、自分自身にも他人も見いだすようにすればよいのです。

25

恐れれば真実が見えなくなる。勇気をもって進もう

メキシコ／トルテック

108 TIMELESS LESSONS

現代社会で「過敏」になり続ける生存本能

ニューヨークのセントラルパークの野鳥保護区で、大きな犬を放し飼いしていた白人女性が、通りがかりの黒人男性に犬をつなぐように言われたことに逆上。「黒人の男に脅《おど》され危険な目にあっているから助けに来てくれ」と泣き叫びながら警察に通報し、その様子を撮った動画がYouTubeで拡散され、多くの人を憤慨《ふんがい》させました。

暴漢《ぼうかん》扱いされた男性は有名コミックの元編集者で、野鳥保護協会の会員。保護区の野鳥が犬に攻撃されるのを恐れ、遠くから女性に声をかけただけだったのです。

悪いことをしていない黒人が警察官に暴行されたり射殺されたりする事件が絶えないアメリカ。それを承知のうえでの女性の行為は男性の生命を危険に晒《さら》す悪意に満ちたもので同情に値しません。しかし、概して屈強に見え、声の響きのよい黒人男性が、何もしなくても恐れられる対象になりがちなのも事実です。犯罪や暴力を好むハリウッドの映画、テレビやコミックで**暴力被害を疑似体験しているために生存本能が過敏になり**、他人を見たらまずは疑い、恐れる人が世界中に増えている気もします。

26

山のように強く生きろ

北米／先住民

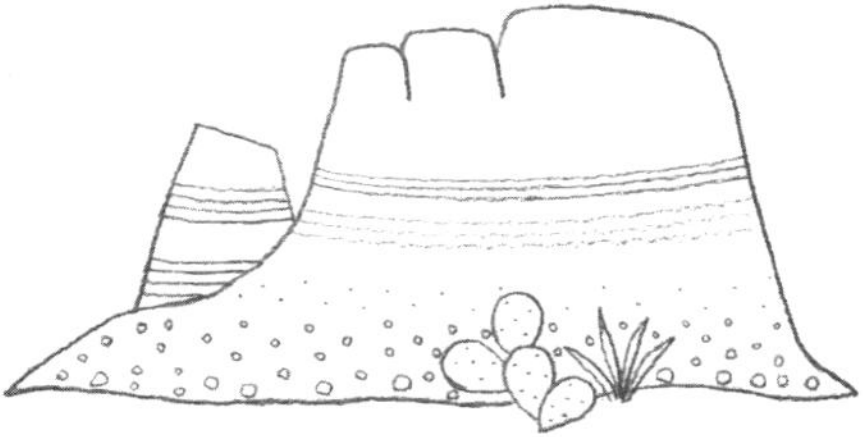

108 TIMELESS LESSONS

叡智が蓄積された山は、びくともしない

人々の前に毅然《きぜん》として立ちはだかり、かつて誰も寄せつけなかった多くの山が、今ではアクセス可能になりました。トンネルができ、舗装道路が入り込み、地元の人々が守ってきた聖域は「資源」として消費されるようになり、北米大陸でも先住民にとってかけがえのない聖地が、レジャー施設やハンティングの場として消えています。

そんな今、この格言は時代遅れだと思う人もいるかもしれません。でも「文明の利器」に頼ってこそ征服可能な山も、身ひとつで登ろうとしたら、人間のパワーをはるかにこえた大きな存在であることは今も昔も同じです。

人生を山にたとえれば、**自己中心的にお金や物質を積み重ねただけの山は、海辺でつくる砂山のようなもの**。どんなに美しく大きくしても、波が来れば跡形もなく消えてしまいます。一方、人とのつながりを大切にして、内なる叡智を蓄積させた山においては、土壌は植物が張り巡らせた根で支えられ、地表も晒されずに守られている山のようなもので、地震や台風が来てもびくともしないのです。

27

木のように凛《りん》と歩け

北米／先住民

108 TIMELESS LESSONS

木は柔軟な生き方の天才

森を歩くと、木の生え方がまさに千差万別であることに感心します。常に日光を浴びている木もあれば、生涯日陰者の木もあります。落雷で焼き裂かれても生き延びている木もあれば、川岸で半分水に浸かり水中に枝を広げている木もある。常に強い東風が吹くカリブ海のアルーバ島の木は、地面から60度くらいの角度で伸びています。**与えられた環境から去ることができない木は、柔軟な生き方の天才**なのです。

すぐに何かに動揺して浮足立ちがちな人にお勧めしたいのが、自分を木としてイメージする瞑想です。根を地中の奥深くに、そしてあたり一帯に広げた木は、地上で多少風に揺られても、その存在を脅かされることはありませんし、万が一暴風で倒れてしまっても、残った根から新たな芽を出すことができます。

なんとなく落ち着かない時には、しばし目を閉じ、深呼吸しながら足元からするすると根を地下に広げてみましょう。桜、松、柳……、あなたがどんな木なのか想像してみるのも楽しいかもしれません。

28

人は山と蟻《あり》の中間だ

北米／オノンダガ族

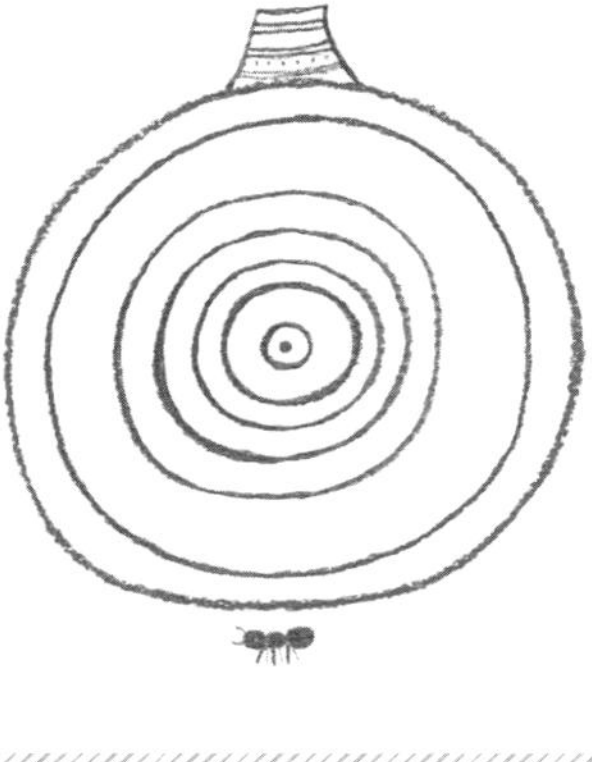

108 TIMELESS LESSONS

広い視野で見れば問題は小さくなる

多忙な現代生活で、常に目の前のことに追われて暮らしていると、視野は狭まっていきます。予想外の出来事が起きたら、たとえそれが小さなことであっても、おおごとのような気がして過剰反応し、焦ったり、落ち込んだり、怒ったりしがちです。

何かに動揺した時には、**遠景に大きな山が聳《そび》える田園風景**を思い浮かべてみませんか。畑で働く人々の姿は遠くにいくほどに小さく、やがて点になります。あぜ道に座り蟻の群れを見下ろす小さな子どもも、蟻からすれば世界を影で覆う巨大な存在です。

心の視点を動かすことに慣れれば、それまでは望遠鏡でズームインしたように目を凝らしすぎて圧倒されていた事態も、ワイドな視野で見直すことができ、「長い目で見れば、こんなことはたいしたことじゃない」と思えてきます。

そのようにして、いったん感情に押し流されそうになった自分を止められれば、脳では前頭葉《ぜんとうよう》への血の流れも活性化されます。つまり、内なる理性が働き始め、柔軟な思考力が回復し、気づかなかった解決策も生まれてくるのです。

Column 2

人生の羅針盤「メディスン・ホイール」の教え

「メディスン・ホイール」は、北米だけでなく中南米の先住民の人々の伝統文化でも尊重されていたモチーフのようです。

先住民社会にとっての「メディスン」とは単なる医療や薬のことではなく、生き方の処方箋。「ホイール」はすべては始めも終わりもなく循環する輪という世界観、宇宙観の象徴。

遺跡として残る古代のメディスン・ホイールには星々との関連も見られ、天文台だった可能性もあるようです。

メディスン・ホイールは基本的には**東西南北を結んだ円**として描かれます。

しかし実際にはそれだけではなく、春夏秋冬、人生の四季、風、火、水、地という自然の四元素《しげんそ》、心理、精神、感情、身体という人を構成する要素、各方角からやってくる聖なる動物のスピリット、パワーアニマルや聖なる薬草など、様々な教えが含まれる多目的、多次元の人生の羅針盤《らしんばん》なのです。

今では先住民社会だけでなく、学校教育や大人の心理療法、自己啓発などにも活用されています。


メディスン・ホイールによって各方角に描かれている動物や植物が異なるのは、気象も地形も様々な米大陸に散在した先住民文化の多様性ゆえ。住んでいた自然環境が異なれば、出会う動物や植物も異なるからですが、自然の様々な要素に教えを見いだすという処方箋は同じです。

どんなメディスン・ホイールからでも多くの学びが得られますが、自分が住む地域にふさわしいメディスン・ホイールを作れば、その過程から学べることも多そうです。

第3章

幸せのありか

108
TIMELESS
LESSONS

29

したいことができなければ、していることを愛せ

メキシコ／アステカ族

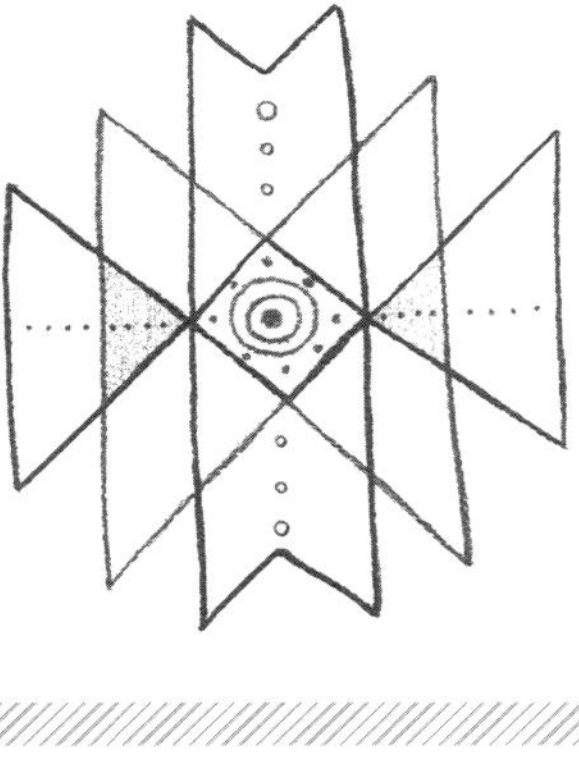

108 TIMELESS LESSONS

ないものねだりはやめて、あるものを活かす

コロナ禍で自宅待機が長く続いていた時のアメリカでも、レストランで会食を楽しんだり、映画やお芝居を観に行ったりという、これまで当たり前と思っていたことができなくなったばかりか、生命の危険が迫らない限り病院にも行けなくなりました。けれど、多くの人はその代わりに、**「今ここで」していること、できることを楽しむ**ようになりました。この格言を知らずとも実践した人が多くいたのです。

私のご近所には毎朝、古タイヤを腰から引きずりながら散歩していた男性がいます。最新設備の整ったジムに行かなくても、トレーニングはできるのです。作るのに手間がかかるサワーブレッドやパイを作ることも流行りました。家から出られず、オーブンの子守をする時間もたっぷりあったからです。やむを得ず始めたマスク作りをきっかけに、ソーイングも流行し、ミシンは品切れ状態になりました。

ないものねだりをやめて、あるものを活かす。**すべてを「チャンス」と見る心もちがあれば、今ここで、様々な喜びを見いだすことはできる**のです。

30

ゆっくり旅しても、目的地には着く

✳アイスランド

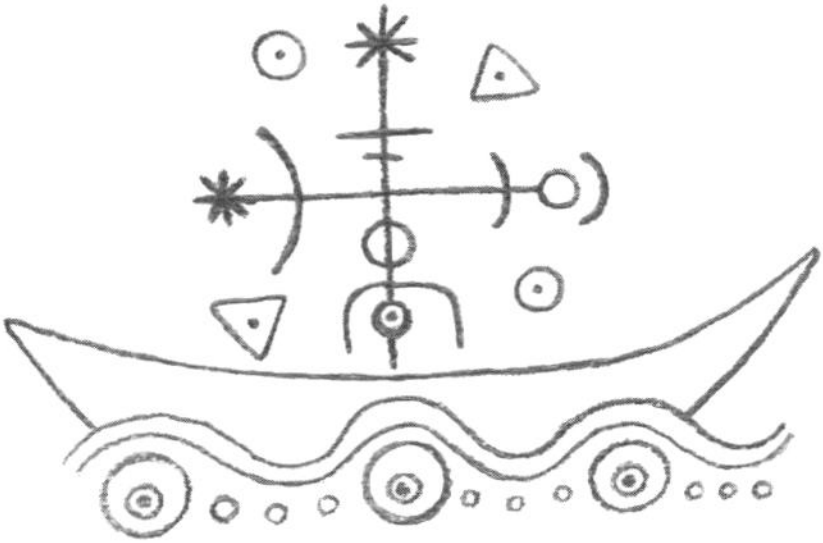

108 TIMELESS LESSONS

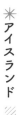

点と点を結ぶ線の上をいかに楽しく歩けるか

ニューヨークの美術館で出くわした日本人の団体ツアー。列を崩さず、作品の前で立ち止まることもなく、あっという間に去っていく様子はとても奇異に映りました。

欧米人にとっては美術館に行く目的は作品の鑑賞なので、連れに無理やり歩調を合わせることはなく、自分が惹《ひ》かれる作品の前ではじっくり過ごします。数時間は過ごす覚悟で来ますし、休憩をとるカフェやレストランも館内にあります。

日本人の団体旅行は、「行った」という履歴をつくることが目的になっているようですが、それは日本人の旅全般にもいえそうです。**「出かけた、着いた、帰ってきた」と、点と点を結ぶ旅**が多いのは、休暇が長くとれない社会事情に加え、ゆっくり駅弁を楽しむ間もなく目的地に着いてしまう新幹線が旅の手段になった弊害でしょうか？「行楽」という言葉があるところをみると、昔の日本人のほうが道行きの楽しみを知っていたのかもしれません。人生の旅でも、**行く先しか見ていなければ、旅路の途中で足元に咲く可憐《かれん》な花を見逃してしまう**ような気がします。

31

常に正しく生きれば、人生に満足できる

✳アフリカ

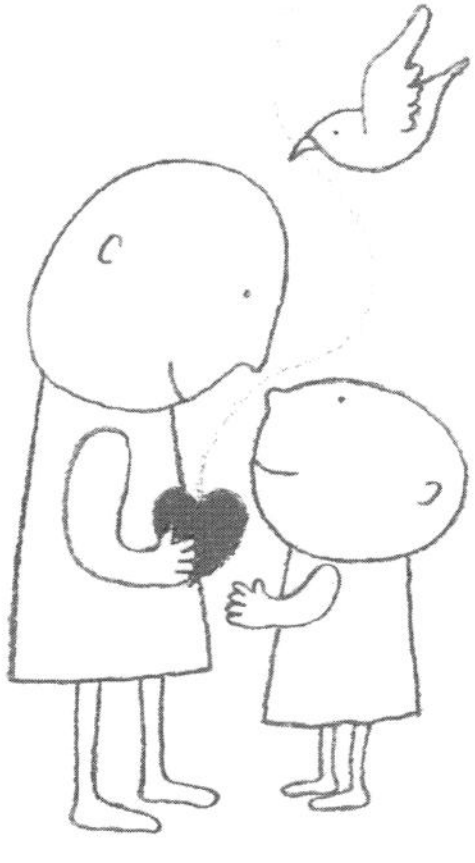

108 TIMELESS LESSONS

罪や恥の意識は生涯残り続ける

「そんな綺麗事を言われても……」と思ってしまう言葉ではありますが、心理学的にもこれは正しい教えのようです。自分は不幸だと感じたり、人生に不満を覚える時には、それは過去のトラウマの後遺症である場合が多いそうなのです。

恐怖や悲嘆、怒りの体験が原因と考えられがちな「トラウマ」ですが、私たちが潜在意識で感じる罪の意識や恥の意識もトラウマになるのです。

人には生まれもった善悪の意識があります。ですから、**他人に糾弾《きゅうだん》されずとも、自分の内なる裁《さば》きで正しいと思えないことをした時には、潜在意識に罪や恥の刻印がなされます。**「浮気」も、した本人側にもトラウマを引き起こします。本人は平気なつもりでも潜在意識には罪悪感があるので、その後ちょっとしたことに過剰反応したり、「幸せになる資格はない」という心の声に脅かされて生きるようになるのです。

そういった意味では、**確かに常に正しいことをするよう心がけて生きたほうが人生に満足しやすい**ように人間はできているのです。

32

美しい鳥は籠《かご》の鳥になる

✳ 中国

108 TIMELESS LESSONS

美しさゆえの悩みもまた深刻

パーティで出会った素敵な男性。20代後半の彼は、綺麗な目鼻立ちについ見とれてしまうほどの美男で、スリムで背も高い。人混みでも浮いて見えるようなカリスマ的な魅力をもつ彼に、トラウマ解消セラピーを行なっていると話したところ、恵まれた容貌《ようぼう》ゆえのトラウマ経験を告白してくれました。

子どもの頃には同性のやっかみからイジメの対象になり、大人になってからは外見に惹かれてモーションをかけてくる女性が多くて、かえってよい伴侶《はんりょ》が見つけられない。**どこにいても視線が気になって自由に行動できない**、ということでした。

これは女性も同様で、女性はもしかすると男性以上に容貌ゆえのトラウマを抱えることが多いのかもしれません。バストの豊かな私の友人も、興味半分で寄ってくる男性が多くて、弊害のほうが多いとこぼしていました。

そんな話を思い出すと、外見の美しさでいくら目立てるとしても、それにより籠の鳥になってしまうなら、平凡でいるほうがまし、と思えてくるのです。

33

空腹はいいスパイス

＊古代ローマ

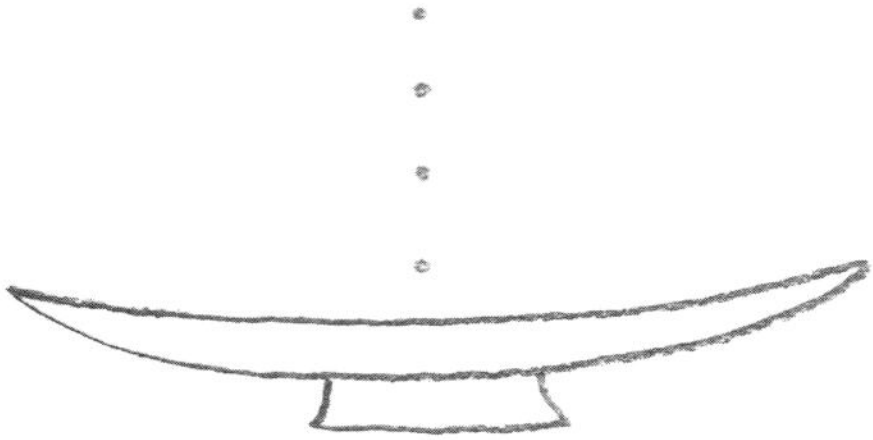

108
TIMELESS
LESSONS

常に満たされていては気づけないことがある

日本では以前から聞きなじみのある「断食」ですが、近年アメリカでも流行しています。消化器官を休め、身体的なデトックスができるだけでなく、脳の働きも活性化できるというのが人気の理由。私が学ぶ道家気功でも、頭をクリアにし精神性を高めることを目的に、春には2日以上、可能なら40日の断食が推奨されています。

さて、断食を試みたことがある人なら身をもって感じることができるこの格言。空腹に加えて、断食すると味覚も研《と》ぎ澄まされるのか、**それまで当たり前と思っていた食べ物や飲み物が１００倍は美味しく感じられます。**

空腹の恩恵は、人生のあらゆる場面で受けることができます。フリーランスで仕事をしていれば、しばらく注文が途絶えたあとに来た仕事は、どんなプロジェクトでもありがたく感じるものですし、久しぶりに人に会えたら、その喜びもひとしおです。

何かに空腹や不足を感じた時には、これは次の出会いを美味しくするいいスパイスなのだと思うようにすれば、耐えやすくなるかもしれません。

34

あれば腰布、なくせば一張羅《いっちょうら》

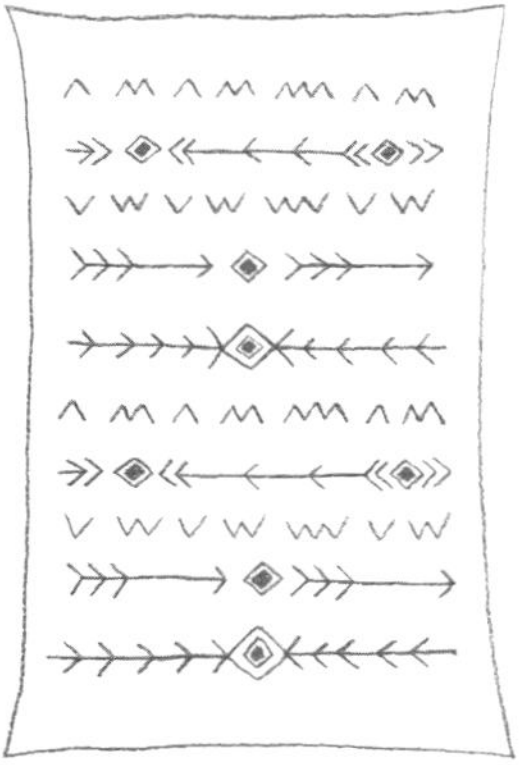

✳シュメール

執着は人に苦しみをもたらす

この格言を読んで、幼少期のちょっと滑稽《こっけい》で物悲しい出来事を思い出しました。大のお気に入りだった私の「ダンボ」柄のバスタオルが、ある日、無断で縫われ、雑巾《ぞうきん》にされていたのです。私は大泣き。このタオルが好きだと口に出したことはなかったので、母にとってはただの古いタオルだったのでしょうが、経緯を聞いた父は母を諫《いさ》め、雑巾を元のタオルに戻すよう命じました。

翌日、勝ち誇った気持ちでお風呂上がりにダンボのタオルを肩から羽織った私は、そのままトイレに行きました。そして、汲取式の和式トイレでしゃがんだ途端、なんということでしょう！　タオルはするっと肩からすべり落ち、暗くて臭い奈落《ならく》の底に沈んでしまったのです。さすがに取り戻したいとは思えず、ダンボへの**未練もすっきり消え**、幼心に何かとても大事な教訓を得たような気がしました。

その教訓がまさに、**執着は人に苦しみをもたらす**、という仏教の教えと一致することに気づいたのは、つい最近のことです。

35

臭い水でも渇きは癒せる

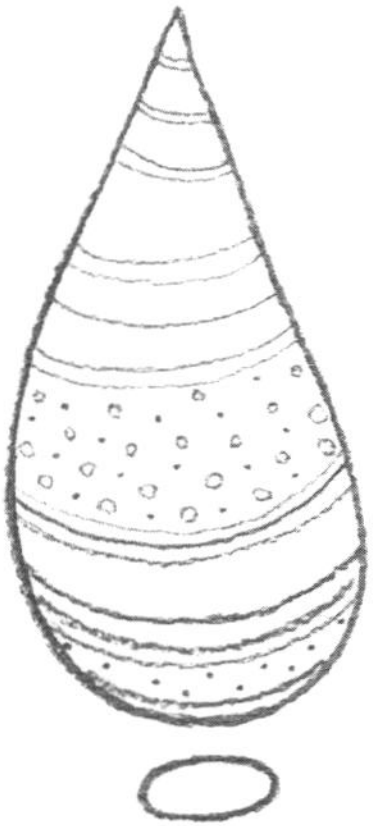

✳モンゴル

108 TIMELESS LESSONS

「それは必要な贅沢か」を考える

消費社会の現代では、飲料水すら選《え》り好みすることが奨励され、世界中から集められたミネラルウォーターが微妙な味や舌触り、成分の違いを競い合っています。けれど、水が希少な資源となる砂漠に住むモンゴルの人にすれば、事情は大きく異なり、この格言はおそらく今でも真実なのでしょう。

私は、コロナ禍での引っ越しを経験してから、この格言に素直に頷《うなず》けるようになりました。新居の水道は水栓の形状がこれまでと異なったため、浄水器を買い替える必要がありました。しかしコロナ禍の買い物規制でそれがかなわないので、仕方なく水道水をそのまま飲むようになりました。特にまずいとも感じず、それで体調を崩すこともありません。振り返ってみると、**ちょっと前まではそれが普通だった**のです。

水に限らず、**現代の私たちはすべてに関して選り好みが激しく、贅沢《ぜいたく》し放題になっています。**商品競争のために工場が増えれば環境汚染も増え、それだけ飲料に適する水資源の枯渇《こかつ》も早まることも忘れてはいけないと思います。

36

所有から得られるのは失う恐れだけ

エジプト

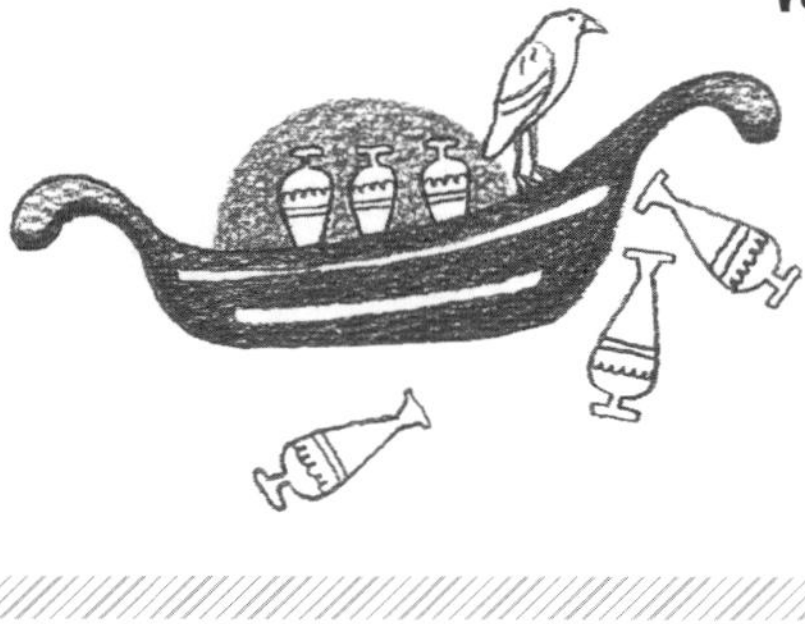

108 TIMELESS LESSONS

「所有欲の奴隷」になっていないか

ある時、チベット僧の知人が「家にあるもの、なんでもあげます」という告知を出しました。理由は引っ越しではなく**「執着心」や「所有欲」をもたない精神を保つための修行の一環**とのこと。大切な仏像や法具まで手放せるのは凄いと感心しました。

北米の先住民にも「ギブ・アウェイ」という慣習があります。祝祭や祝儀などでは、祝う側が様々なギフトを用意して、村人に分け隔《へだ》てなく行き渡るように屋根から投げるのです。今でこそギフトはスーパーで用意できますが、かつては祝祭をするために狩りにでかけたり、何年もかけて宝物を作ったり集めたりしたそうです。

彼らの社会では、**富の蓄積は他人にあげることを前提とした社会的行為**だったわけで、それが実際に貧富の差の解消に役立っていました。それゆえに「ギブ・アウェイ」は米政府に共産主義活動とみなされ、長い間禁止されていたほどです。

失う恐れを商売にする「保険」が巨大産業として君臨する社会。所有欲の奴隷《どれい》として生きるのが本当に幸せなのか、考えてみる必要がありそうです。

37

人生にレモンを与えられたら、レモネードを作れ

✳ウェルシュ

108 TIMELESS LESSONS

本当の料理上手は冷蔵庫にあるもので料理できる

アメリカではレモネードは夏の風物詩。そのまま齧《かじ》ったら顔が窄《つぼ》むほど酸っぱいレモンが美味しい飲み物になると、最初に思いついた知恵者は誰だったのだろうと調べてみると、甘くしたレモンジュースは10世紀のエジプトでも飲まれていたようです。

食べ物にしても道具にしても、ありとあらゆるものが手に入ることで、逆に、**これがなければあれはできない、といった制約に縛られていませんか？**

私は食事を作る際には、先にメニューを決めるのではなく、まず冷蔵庫を覗《のぞ》き込んで、早く食べたほうがよい野菜などを取り出して、それで何が作れるかを考えます。昨日と同じ材料しかなくても、料理法や調味料を変えれば料理はいくらでも作れるわけで、それを工夫するのが楽しかったりします。

考えてみれば、人生の様々な側面でも同じことが言えそうです。**何かに固執《こしつ》すれば、それが足かせになりますが**、その代わりに想像力と創造力を発揮すれば、思いがけない発見や喜びに出会えるのです。

38

花は隣の花と競おうとはしない

北米／先住民

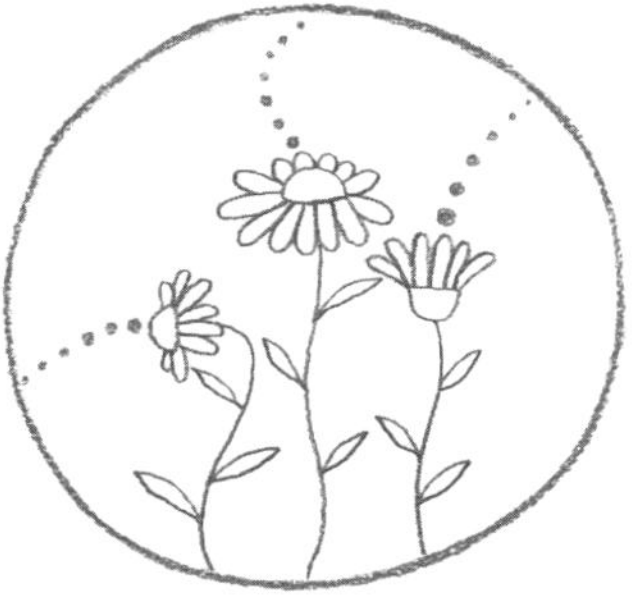

108 TIMELESS LESSONS

25万種の花のどれもが異なり、等しく美しい

晩春の雨がしばらく続いたあとで裏庭に出てみると、木と木の間のほんの少しの隙間にたくさんの野草がひしめきあって育っているのに感心しました。ひときわ目立っていたのが、葉っぱは米粒くらいで茎だけがスッと伸びた大きな紫の花。あまりに美しいので雑草として引っこ抜いて捨てるには忍びず、切り花として家のなかに飾ったら、生命力が強いのか、いつまでも生き生きとした美しさを保ってくれました。

調べてみると「ヘアベル」(イトシャジン)というキキョウ科の野草のよう。スコットランド原産で、魔女が「ヘア」(野ウサギ)に変身するための煎《せん》じ薬にした花としてその名がついたとか。シェイクスピアやエミリー・ディキンソンの詩にも登場する花でした。

地球上では推定25万種の花が咲くそう。**それぞれが文字通り千差万別で、その美しさに優劣をつけようとするのは愚《おろ》かなこと。**私たち人間も同様で、周囲の人と自分を比べる必要はなく、自分なりの長所を活かして人生の花を咲かせればよいのです。

39

どんな木も
空までは届かない

アイスランド

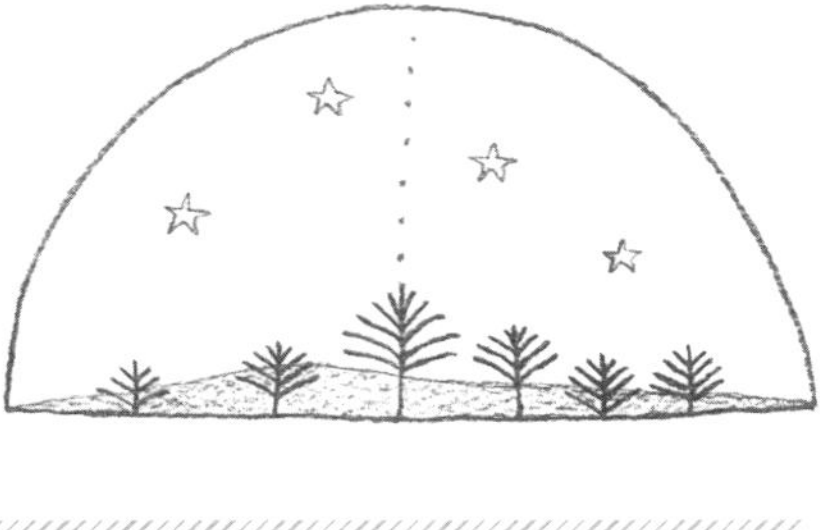

108
TIMELESS
LESSONS

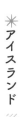

上に伸びることだけが正解ではない

他人との競争が美化され、競争心が向上心と考えられるようになったのはいつからなのだろう、と考えて思い浮かんだのがオリンピック。けれど、古代ギリシャで始まったオリンピックの起源は、全能の神ゼウスに捧げる宗教行事で、本来は人の身体の美しさ、芸術や運動の才を讃《たた》え合い、参加者は和気《わき》藹々《あいあい》と臨んでいたようです。

キリスト教国のローマによる支配で途絶えた後「スポーツを通して心身を向上させ、文化や国籍の違いを乗り越え、平和な世界の実現に貢献する」として復活した近代オリンピックは、国の威信や商業利益も絡み、より速く、高く、より強く、勝つために手段を選ばぬ国際競争の場になったようにも見受けられます。

競争心の行きすぎを懸念《けねん》して、日本の小学校の運動会では露骨な競争を避けるようになりましたが、一般社会はまだ競争を原則に動いているように思います。空に届こうと頑張りすぎて、やせ細った木になることもできますが、**途中で上に伸びるのはやめて体内に滋養《じよう》を満たし、美味しい実をつける木になることもできる**のです。

40

感謝する理由が見つからなければ、問題はあなたにある

✳北米／先住民

108 TIMELESS LESSONS

感謝の気持ちはストレス解消の特効薬

感謝の気持ちがストレス解消の特効薬であることは医学的にも証明されています。**感謝の気持ちで心を満たすと鼓動のリズムが整い、**それが「安心」の信号となって脳に伝わり、自律神経の「逃げるか闘うか」のストレス反応をストップできるのです。

ある日、それを体験してもらうワークショップで「感謝する出来事が何も思い浮かびません」という方がいました。芸術家として成功した方でしたが、人から傷つけられ、つらい目にあわされた、という気持ちが強く、**自己防衛として無意識のうちに、愛や感謝の気持ちを受け取り発信するハートが閉じてしまった**ようです。

ちょうど激しい雨がやんだところだったので、「大袈裟に考えなくてよいのですよ。雨がやんで濡れずに帰れるのはありがたいとは思いませんか？　そう感じたら、それが感謝の気持ちです」と言うと、その人の顔がぱっと明るく晴れやかになりました。

感謝の気持ちでスタートすれば、一日の充実感も高まり、感謝の気持ちで眠りにつけば、よりよい夢と休息が得られるのです。

Column 3

自然のなかにこもる「ビジョン・クエスト」の教え

世界の多くの人々にとって、不滅の教えといえば宗教。

世界三大宗教とされるキリスト教、仏教、イスラム教は世界観を大きく異《こと》にするようですが、その開祖が他人に教えを授けるようになるまでの学びの過程には、共通点があることに気がつきました。

それは、自然のなかにひとりでこもり、多くの時間を過ごしていたことです。

仏陀《ぶつだ》は宮殿生活をやめて俗世の現実に目を開いたあとには林にこもり、さらに木の下で瞑想を続けたことで悟りが開けたとされています。

キリストは40日間ひとりで荒野をさまよい、悪霊による様々な誘惑に打ち克った後に街に戻り、人に教えを授けるようになったともいわれています。

モハメッドは山の洞窟にひとりでこもって祈り続けているうちに、大天使ガブリエルにより神からの最初の啓示を受けた、とされています。

こうした体験は、北米の先住民の伝統文化に即して言えば、ビジョン・クエストにあたるといえるでしょう。

自然のなかにひとりでこもり、小さな円の聖域を作ってそのなかに入り、四昼夜は飲まず食わずでそこから動かずにいると、風や鳥や動物が天からの啓示を届けてくれる、と古代から信じられてきたのです。

そして、通過儀礼として、また人生に迷いが生じたり克服したい課題があったりする時に、何度でもビジョン・クエストに出るよう奨励されてきました。

これに倣《なら》い、自然のなかでひとり佇む時間をもつことなら、私たちにもできそうです。

第4章

家族を想う

108
TIMELESS
LESSONS

41

トマトの木にマンゴーはならない

フィリピン

108
TIMELESS
LESSONS

子どもの人生は子どものもの

私がトラウマ解消セラピーをしていて再認識したのは、親が子どもに与える影響の大きさです。**親の期待を「肩の荷」として背負い続けて**おり、傍《はた》から見れば成功していても、生き方に自信がもてていない人が少なくないのです。

なかでも、進学や職業の選択に際して親の期待通りになれなかったという罪悪感や恥の意識を潜在意識に抱えている人が多いのは日米共通です。よりよい学校や職業へ、趣味や教養にも長けた人物に、と子どもを導こうとするのは、**子どもの末永い幸福を願う親心がため**。そのなかで、自分が果たせなかった夢を子どもに託《たく》し、つい高望みしたり、子どもが描く将来の夢に余計な口を挟みたくなることもあるわけです。

親としてそんな欲求が心のなかに湧いてきた時に唱えたい念仏が、この言葉。トマトの木にマンゴーをならせようと期待しても失望するだけ。それよりは、より甘くみずみずしいトマトとして実るように、日に当て、水を絶やさず、せっせと養分を届けることに専念したほうがよいのです。

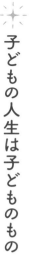

42

ベッドでは夫と妻、居間では尊敬する客人のように振る舞え

✳中国

108 TIMELESS LESSONS

「親しき仲にも礼儀あり」

この格言はなかなか実行しにくいかもしれません。親密な相手に対してはつい遠慮がなくなりがちですが、身体を許せば100％気も許せるとは限らないのでしょう。

男女の仲の微妙さを描き大ヒットしたテレビドラマ『セックス・アンド・ザ・シティ』に、お嬢様育ちのヒロインが、素っ裸で白いソファに座った夫に顔をしかめ、夫が立った隙に、その尻の下にさっとタオルを敷くというシーンがありました。ヒロインはハンサムなエリートの医師との結婚に失敗。髪が薄くて小太りだけれど大きなハートの持ち主である弁護士と再婚したばかりという設定。新婚なので「裸で歩かないで」とは言えず、けれど内心苛立っている様子がよく描かれていました。

一緒に暮らし始めてから相手のちょっとした癖が気になったり、ライフスタイルのズレをお互い言えずに我慢してしまうのは、よくあること。けれど、塵も積もれば山となり、その山が火事になることも。そんな惨事を避けるためには、親しき仲にも礼儀あり。相手に裸の自分を晒すのは控えめにしたほうがよいのかもしれません。

43

背負われて旅した子どもは、どこまで来たかわからない

＊アフリカ

108
TIMELESS
LESSONS

誰しもいつかはひとりで歩かなければならない

過保護にも放任にもならず、ちょうどよい塩梅《あんばい》に子どもを見守りながら育てるのは至難の業《わざ》。私の場合は前者の典型で、息子がハイハイしだすと家中の家具の角にクッションテープを貼りつけました。しかし息子はたまたま1カ所だけテープが剝《は》がれ落ちていたテーブルの角に激突し、目のすぐ上を数針縫うことに。私はさらに過保護になり、外に出る時には迷子ヒモ。「外は危ない」と脅しすぎたせいで、息子は私が手をつながないと怖くて歩けない子になってしまいました。

困ったなと思っていた矢先、出張で私がしばらく留守にすることに。帰ってくると、息子はすっかりひとり歩きに自信をつけ、手をつないでとも言わなくなっていました。

振り返ってみれば、心配性である一方、出張の多いワーキング・ママによる過保護、過干渉と放任の繰り返しのなかで、よくも息子がまともに育ってくれたものだと思います。これから子育てされる方には、特に覚えておいていただきたい格言です。

44

小鳥は花の蜜で育つが、
人の子どもは
言葉で育つ

サモア

108
TIMELESS
LESSONS

日米の子育ての大きな違い

私は子育ての途中でアメリカに移住し、親の子どもへの接し方における日米の違いを身をもって感じました。誇張して言えば、**アメリカの子どもは長所を褒《ほ》められ、おだてられて育つ一方、日本の子どもは短所を指摘され、叱咤激励《しったげきれい》されて育つ**のです。

アメリカ人は他人との会話でも自分の子どもをけなすことはなく、ポジティブな面に目を向けますが、謙遜《けんそん》を美徳とする日本では「まったく、うちの愚息《ぐそく》ときたら」と自分の子どもを過小評価してみせがち。その結果が、自尊心の強く個人主義のアメリカ人、群れに属することを心地よく感じる日本人の違いだと思うのです。

どちらも行きすぎは問題ですが、けなされることで萎縮《いしゅく》して育つよりは、褒められて伸び伸びと育つほうが本人にとって気持ちがいいのは明らかです。「馬鹿言うな」といった親や先生の軽い気持ちの戒めや嘲《あざけ》りが子どもの潜在意識に残り、大きなトラウマとなって人格形成に影響することは、発達心理学でも認識されています。叱る際にも、まず褒めてから苦言を足すという手もあるのです。

45

無駄に枝を揺すった木には、果実は実らない

サモア

108 TIMELESS LESSONS

「孟母三遷」は子どものためになるのか

引っ越し先の我が家の横で鬱蒼《うっそう》と茂っていた大木。伸びた枝の多くを夫が切り落としたのですが、地上に積まれた枝にペアでついている小さな実を見つけ、もしかして？　と調べてみると、その木は野生の桜。もったいないことをしたと、**切った枝を日なたに置いてみたものの、根から断たれた木の実は熟せず枯れました。**

私の息子は中学1年の夏に東京からニューヨークの学校に転入しました。友達もでき学校生活を楽しんでいましたが、彼が高校2年の時、私は「孟母三遷《もうぼさんせん》」とばかり、理数系の一流大学やアップル本社があるカリフォルニアへの転居を企てます。数学が得意でアップル社の大ファンの息子のためを思ったのですが、引っ越しが自分のためにも私や夫のためにもならない理由をみごとな英語で記した手紙を息子から渡され、断念しました。私は日本語の作文も大の苦手だった息子を優れた英文ライターに育ててくれた学校の価値を再認識し、やっと根を下ろした若木のような息子を、またも新たな地に植え替えようとした自分の愚かさを深く反省したのです。

46

熟した果実は自然に落ちる

中国

108 TIMELESS LESSONS

子育てに必要な「待つ」力

アメリカ北西部は、郊外に行くと野生のブラックベリーがいたるところに生え、夏はベリー摘みが盛んです。落ちている実がいちばん甘いと知っていても、待ちきれず熟しかけを無理やりもぎって口に入れ、その酸っぱさに「失敗した」と思います。

「這《は》えば立て、立てば歩め」と言うように、子どもに対してもより早い成長や成功を望むのは世界共通の自然な親心。天才物理学者のアインシュタインが3歳まで言葉を発せず、親が心配して医師にも相談しに行ったという有名な話もあります。ようやく喋《しゃべ》り始めた彼の言葉は片言ではなく、ちゃんとした文章になっていました。アインシュタインは11歳で大学レベルの物理学を理解する天才ぶりを発揮したものの、フランス語でつまずいて大学受験に失敗したり、なかなか定職に就けなかったりしたそうですが、その後の物理学者としての功績は周知の通り。

木に成る実がそれぞれの個体差で育つように、人の子も熟すまでの過程はそれぞれ。静観できるゆとりをもつことこそが親心かもしれません。

47

植物は人の兄弟姉妹。
耳を傾ければ
語りかけてくる
声が聞こえる

＊北米／先住民

108
TIMELESS
LESSONS

薬草から得られるのは化学成分だけではない

ニューヨーク州の北部は、白人に占領されるまではアメリカ「合衆国」のモデルにもなった先住民のイロコイ連邦の拠点でした。その一国だったモホーク族は、頭を一部刈り上げた勇敢な戦士のイメージで描かれがちですが、薬草療法や農耕にも長けていたのです。私がそこで薬草の集め方や使い方を学んだ際、いちばん印象に残ったのは、**植物は人の目から隠れることも移動することもできるのだから、薬草を摘みに行く時にはよく目を凝らし、耳を澄ませるように**、という教え。そうすれば、進むべき方向に導かれ、今必要としている植物が姿を現わしてくれるそうです。

薬効の知識もスピリットの世界で植物自身や動物から学んだものが多く、花の形でどんな症状に効くかがわかることもあるとのことでした。大切なのは、**その植物に了解を得てから、必要最小限だけ摘むこと**。薬にする時にも祈りを込めて作業します。

薬草が効くのは化学成分だけではなく、植物のスピリットが人に力を貸してくれるから。そう学んでから市販の生薬も感謝の気持ちで飲むようにしています。

48

家族の絆は木のようなもの。曲がれど折れはしない

＊アフリカ

108 TIMELESS LESSONS

いつでも修復される可能性がある

同窓会で2歳下の弟の近況を聞かれ、「仲が悪くて、ずっと会っていない」と答えると、同じ年の差の弟をもつ近所の友人全員が同様の状況ということでした。兄弟姉妹は**遺伝子の多くをシェアする血縁だからこそ心理的に反発しやすい**のかもしれません。し、**家族とは摩擦や衝突を経て学び合う宿命**なのかもしれません。

中国出身の、私の気功の師にも宿敵の兄がいたそうです。修行により、他人からどんな感情をぶつけられても影響を受けなくなった師が、故郷の兄とは電話で話しただけで一週間怒りが収まらなくなったそう。師の兄は気功を弾圧する共産党員。祖父が長男の自分を差し置いて弟を継承者にしたことで気功を敵視していたのです。

ところがある日、そのお兄さんが気功教室に現われました。お兄さんの側に心境の変化が起こり、海をこえて弟に会いに来て、数十年分のわだかまりが一挙に解けたとのこと。多くのアメリカ人に師として慕われる弟を誇らしげに見て、見様見真似で気功を試すお兄さんの姿に、私もいつか弟と仲直りを……と新たに希望がもてました。

49

子どもは
あなたの持ち物ではなく、
創造主からの贈り物

北米／モホーク族

108 TIMELESS LESSONS

アメリカ先住民の独特の命名法

北米の先住民の子育てでよく知られているのは「クレイドル・ボード」（揺り板）。木の幹で作った板や籠に毛布などを敷き、赤ちゃんを寝かせてヒモで固定。畑仕事中も手で持ち運んだり背負ったり。赤ちゃんは周囲の人にも見守られながら育ちます。

先住民社会で、子どもが創造主からの贈り物として尊重されていたことは、命名の仕方からもわかります。伝統的な人名には、家系の所属を示す姓はなく、子どもの本名は生まれた時に、または部族によってはある程度成長してから命名式で決められます。ふだんづかいの名前とは別に、「速く走る馬」「私たちが聞くべき声」といった、**その子の資質に見合った名前を部族の長老から授かる**のです。それは、社会でその子が個人として果たす役割を示唆《しさ》する聖なる名前で、口外はしない秘密の名前です。

アメリカには、それを真似て先住民に名前をつけてもらい喜んでいる人もいます。先住民には「ワナビー（Want to be）族」と嘲笑《ちょうしょう》されていますが、本人がそれによってより崇高な社会意識をもてるなら、それはそれでよいのかもしれません。

50

同じ木に実る果実も味はそれぞれ

＊中国

108 TIMELESS LESSONS

親に比較された劣等感は残り続ける

私の家の近くの森林公園にはブラックベリーが繁茂し、森林浴後の水分・ビタミン補給には最高でした。手を紫にしながら摘《つま》み食いしていていつも思うのは、**同じ枝先に連なって実り、同じように完熟して見えても、その味がひとつずつ異なる**こと。ジューシーで甘いものもあれば、びっくりするほど酸っぱいものもあるのです。

兄弟姉妹も同様で、私と弟を比較しても、親や友人の兄弟姉妹を思い出してみても、顔つきは多少似ていますが、性格や体質、能力や好みは様々に異なります。

それなのに、親や周囲の人々はどうも兄弟姉妹を比較しがちで、そうすることにより子どもに不要な劣等感を植えつけてしまうことには気づいていないようです。

子どもの頃、運動神経が鈍《にぶ》かった私は、運動会でスターになった弟に大喜びする母の後ろで消え入りたい思いでしたが、弟のほうは、成績がよかった私と常に先生に比較されてつらかったそうです。兄弟姉妹と比較されて感じた劣等感がトラウマとして潜在意識に残れば、人格形成にも悪影響を及ぼしかねませんので、注意が必要です。

51

親を尊敬しない人は、子どもから尊敬されない

✳ユダヤ

親と祖父母の不仲は子どもの毒に

子どもと親との関係はもちろんのこと、親と祖父母の不仲も子どもの世界観や人格を歪《ゆが》ませます。大人の対人関係の悩みや不安症などの原因を探っていくと、本人ではなく、親と祖父母の関係に行き着くことが、特に日本人の場合には多いのです。

それが嫁姑など**義理の間柄のいざこざか、血のつながった親子の不仲かにかかわらず、その間に立たされるのは孫**。たいがいは、子どもを味方につけようとする双方から相手の悪口や矛盾した情報を聞かされ、誰を信じるべきかわからなくなります。そして、禁じられたり、気配で察したりして、祖父母と仲良くするという健全であるべき行為にも罪悪感を感じてしまうようになります。もちろん、祖父母と疎遠になれば、祖父母の期待を裏切り悲しませたとつらくなります。

そうして感じたネガティブな感情のトラウマが積み重なれば、親を尊敬できなくなるのはもちろんのこと、自分自身も尊敬、尊重できず、行動に自信がもてない大人になってしまうため、家族、親戚への言動にも配慮が必要です。

52

ヤクの荷を牛に負わせてはならない

チベット

108 TIMELESS LESSONS

個人の適性を見て適材適所で

ヤクは野生だと体長3メートル以上、体重1200キログラムにも達し、ヒマラヤの高原に棲息します。同じサイズの牛と比べると心臓の大きさは約1・4倍で、四肢も短く頑丈。一方、牛は平均で体長2・4メートル、体重は750キログラムくらいですから、確かにヤクの荷を負わせては可愛そうです。

人にもヤク級の人と牛級の人がいて、お金儲けに成功したり社会的に高い立場に立つ、いわば**ヤク級の親から生まれた子どもは、親や社会からヤクであることを期待されがち**。それを重荷に感じ、思いのままに生きられない場合もあるのです。

代々医師の家庭に生まれ、医師になるのが当然とされながら、学力が足りず医大に入れなかった、といった話はどこの国でもよく聞きます。でも、だからといってその人が人間失格というわけではなく、その人なりに進むべき別の道があるというだけのこと。ですから、まず家族が、そして社会も、ヤクの跡継ぎを勝手に決めて荷を負わせようとせずに、個人の適性に見合った適材適所を認めるべきなのです。

53

子どもは
家で学んだことを
村でする

＊スウェーデン

子どもが学ぶのは親が「教えたこと」だけではない

日本人の少年をホームステイで預かった時、印象に残ったのは、彼が食後に自分が使ったお皿の汚れを紙ナプキンできれいに拭き取ったことでした。奇妙に感じ、最初は個性的なアーティストでもあった彼の遊びかと思いましたが、理由を聞くと、彼の家では習慣で、水で洗い流す汚れを減らせば下水による環境汚染も減らせるからとのこと。感心した私たちも真似することにしました。これは**家でのしつけが功を奏し、海をこえた社会にもよい影響を与えた**例かもしれませんが、その逆の例もあります。

ある日、息子を保育園に迎えに行くと、先生から「お宅の息子さんはお昼寝の時に、脱いだ服をきれいに畳んでからでないとお布団に入らないのですが、しつけが厳しすぎるのではないですか？」と心配されたのです。これには大笑いしてしまいました。息子に服を畳ませたことなどなかっただけではなく、私も夫もズボラで、服をきれいに畳んでしまうタイプではなかったからです。**親が知らないうちに家で反面教師の役割を果たすこともある**ということなのでしょう。

Column 4

人智をこえた叡智へのアクセス「夢」の教え

ギリシャ神話の癒しの神様は、太陽神アポロの息子のアスクレピオス。ギリシャのあちこちに遺跡として残るアスクレピオスの神殿では、かつては神官がアスクレピオスの助けを得て人々を癒しに導いていたそうです。

今もギリシャ悲劇などが上演される大きな野外劇場があるエピダウロスの遺跡もそのひとつで、古代にはアスクレピオスの神殿を中心に運動場まで備えた大掛かりなヘルスセンターだったようです。

日常生活を離れて遠路はるばるやってきた病人は、観劇で泣き笑いして溜まっていた感情を発散させ、運動場で身体も動かして心地よく疲れてから神殿で休みます。すると夢のなかにアスクレピオスやその遣いの犬や蛇が現われて癒しを直接授けたり、必要な処方箋を伝えたりしてくれたのです。

夢は、人智をこえた叡智にアクセスする方法のひとつとして、世界の多くの先住民社会で尊重されてきました。

古代チベットのボン教やチベット仏教医学でも、睡眠中に仏菩薩《ぶつぼさつ》から癒しや啓示を授かることができるとされました。

夢見上手になるための訓練法であるドリーム・ヨガに熟達すれば、覚醒夢を見たり、見た夢を記憶していられるようになり、さらには悪夢の顚末《てんまつ》を自分で変えて、それを現実に反映させられるようになるということなのです。

ドリーム・ヨガの基本は、その日のストレスや翌日の心の準備などはいったん忘れて、幸せな気分で眠りにつくこと。枕元にはメモ用紙を置いておきましょう。

第5章

人間関係を見つめて

108
TIMELESS
LESSONS

54

斧は忘れても、木は忘れない

＊アフリカ

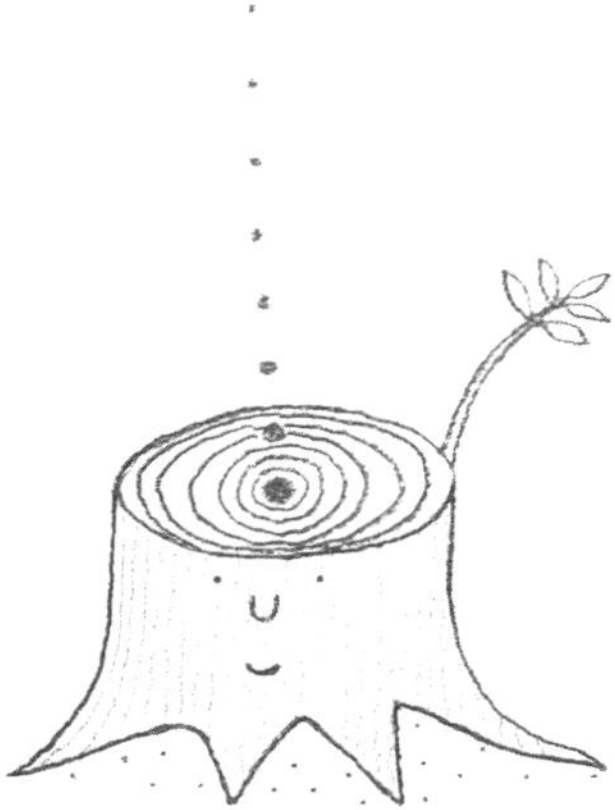

108 TIMELESS LESSONS

刻まれた「不信感」は簡単には消えない

70歳をこえた友人が不眠症で困っていたので、トラウマ解消療法を試してみると、原因は15歳の時に結婚まで誓い合っていた初恋相手に裏切られた思い出でした。すっかり忘れていた遠い記憶が戻ると、心の奥底で蓋《ふた》をしていた悲しみと怒りの感情が蘇《よみがえ》り、彼女の目から涙が溢れ出しました。彼女より3歳年上だった彼は進学先の大学で他に好きな人ができたのに、それを婚約者に告白する勇気がなく、偽りの手紙を書き続けていたそう。結局彼は新しい恋人と結婚、私の友人も別の方と結婚しましたが、共に若くして伴侶を亡くし、紆余曲折《うよきょくせつ》の末にふたりは再婚します。しかし彼は長患いとなり、私の友人は彼を看取《みと》った後、再再婚して今は平穏に暮らしています。

彼女は心理療法士なので、自分の心の傷と向き合い、許すことができたから結婚できた、と頭では思っていたそうで、それが数十年後の不眠の原因になっていたことに驚いていました。振り返れば、彼との結婚後にも何かと起きていた摩擦も、**潜在意識に刻まれた不信感**のせいだったのかもしれないと、今になって気づいたようです。

55

下手な漕ぎ手は櫂《かい》を責める

アイスランド

108 TIMELESS LESSONS

死や喪失を受け入れることの難しさ

物事がうまくいかない時に、責任転嫁して怒りたくなるのは自然な心理のようです。愛する人や大事なものを失った場合にも同様で、精神科医のエリザベス・キューブラー・ロス博士は、**喪失に際して人がたどる5つの心理過程**を解明しました。

たとえば不治の病を宣告された人は、まずは誤診に違いないと**「否定」**し、その後自分を過食にした妻のせいだなどと**「怒り」**、やがて「治してくれたら毎月お参りに行きます」などと神仏と**「交渉」**しようとし、それでも効き目がなければ**「ウツ」**になった末に、ようやく自分の運命を**「受容」**する、ということなのです。

私は脳卒中の後遺症で寝たきりになった博士を訪ねたことがあります。末期病患者の心のケアに尽くした彼女が自分の死を安らかに受け入れている様子を取材する予定が、憤怒《ふんぬ》と不満に満ちた姿を見た時には大きなショック受けました。彼女が最後に、名声とはかけ離れた醜《みにく》い自分の素顔を晒すことで、死や喪失を受け入れる難しさを身をもって示してくれていたと気づいたのは、ずっとあとになってからでした。

56

人を侮《あなど》れば侮られる、人を呪えば呪われる

＊シュメール

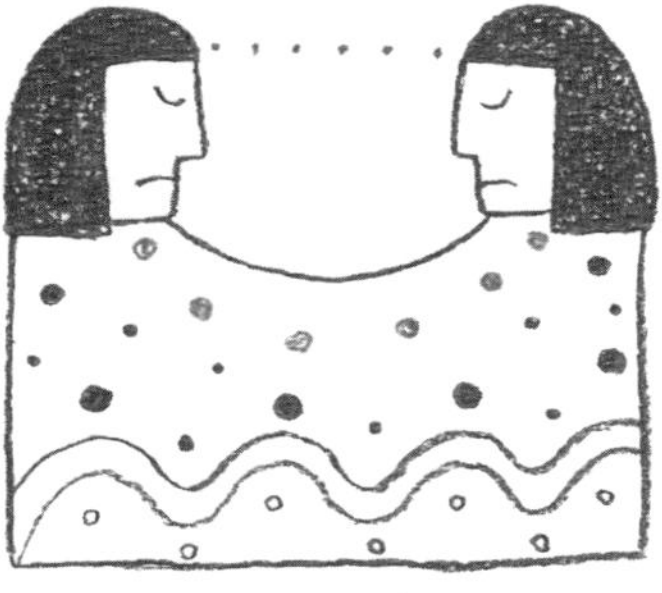

108 TIMELESS LESSONS

太古から伝わる「引き寄せの法則」

シュメール人は紀元前3000年頃にチグリス川・ユーフラテス川下流で都市国家を形成し、メソポタミア文明の基礎を築いたとされる民族。19世紀に発掘された50万もの石碑の大半は解読されていないものの、都市国家間の争いが絶えず軍事が先進したこと、都市形成に必要な資源が乏しかったために海路・陸路で交易を盛んに行なっていたことなどがわかっています。不老長寿を求める王の冒険を綴った3千行の叙事詩《じょじし》も見つかっており、文学なども発達した都市文明だったようです。女王もいたようなので、女性の権利も今の中東の国家より先進していたかもしれません。

戦争が多く交易も盛んだったのなら、シュメール人は外国人との抗争や駆け引きには慣れていたはず。彼らが残した人間関係における戒めの言葉は、近年、日本でも話題になった「引き寄せの法則」にもあてはまると思いました。

ポジティブな意識に限らず、ネガティブな意識にエネルギーを向ければ、同じ波動のエネルギーを引き寄せ、それが現実になるということなのでしょう。

57

喧嘩はやめても、放たれた言葉は生き続ける

✳アフリカ

108 TIMELESS LESSONS

発言は取り消すことができない

一度口から出てしまった言葉は決して取り消すことができないと、多くの人が認識していることでしょう。人を傷つけた言葉は心のなかで反復され、やがて言葉の前後の状況、文脈を離れてひとり歩きし、自分への絶対的な審判となってしまうのです。

相手を傷つけると知りつつ、またはその場の感情に流されるままに、つい言うべきではないことを言ってしまったら、**言ったほうも一生後悔することになります**。私たちは皆、善悪や人道的な意識を標準装備としてもっているからです。

私も、親友を傷つける嫌味な言葉を聞こえよがしに言ってしまった小学生の自分をいまだに忘れられず、許せずにいます。

誰もが持ち歩く携帯電話でも録音や録画が簡単にでき、しかもソーシャルメディアの普及で個人の発言が世界中に広まり、時をこえて流布され続ける時代。放たれた言葉は、関係者の心のなかだけではなく、現実の社会で文脈を離れて生き続けるのですから、ことさら注意が必要でしょう。

58

野鳥は声を合わせて歌う。
プライドもやっかみも
嫉妬ももたずに

北米／先住民

108 TIMELESS LESSONS

集まった声は「美しい合唱」か「不協和音」か

「ハトとトンビとヤマドリとキジとカリガネとウグイスが一緒に鳴けば、ククピン、ククピン、ピンカラショウケン……」小学校の修学旅行で、山道を走るバスのガイドさんが歌ってくれた歌を今でも覚えています。都会でも、様々な鳥ののびのびとしたさえずりが聞こえ、現代都市に残されたほんのわずかな自然のなかでも、多くの種類の鳥が争いもなく共棲《きょうせい》していることを感じさせます。

鳥たちと比べ、人間の社会はどうでしょう。私が憧れの地として移住したマンハッタンを離れた大きな要因は、**通りで耳にする不協和音**でした。怒鳴り声、いがみ合いの言葉や嘲笑。さらに絶え間ない車のクラクションやパトカーのサイレンに晒されていたら、他人に対して強くはなれても、よい人間にはなれないと思い至ったのです。

日本の街角では、人は概して感情を声に出すことには控えめですし、他人との協調を尊ぶ社会ではありますが、もし街を行き来する人々の心の声を拡声器にかけたら、どんな音となって聞こえるでしょうか。

59

他人を責めるように
自分を責め、
他人を許すように
自分を許せ

＊中国

108
TIMELESS
LESSONS

行きすぎた正義感や批判精神

あなたは、人間関係で問題が起こると、まず自分のせいだと思ってしまうタイプですか？　それとも他人に対して怒りや不満を抱きやすいタイプですか？　どちらの場合にしても、日常意識のなかに批判精神が強すぎるということはないのか、自分に問いかけてみるとよいかもしれません。

私は子どもの頃から反抗精神が強く、だからこそ社会の問題に光を当てるジャーナリストになったのでしょうが、若い頃はいつも何かを批判していました。

しかしある時、取材で知り合ったアメリカ人の心理学者と食事に行き、日本の社会問題などについて憤慨して喋っていたら、**「君は批判することにエネルギーを使いすぎているよ」**と笑われました。そして雨が降った翌日、オフィスに花束が届き、「雨に反対」と書かれたカードがつけられていたのには苦笑しました。

正義感や批判精神をもつことは必要だし大切だけれど、行きすぎればストレスも溜まるし、心が頑なになってしまうことに気づかされたのです。

60

氷が割れるまで、誰が友で誰が敵かはわからない

イヌイット族

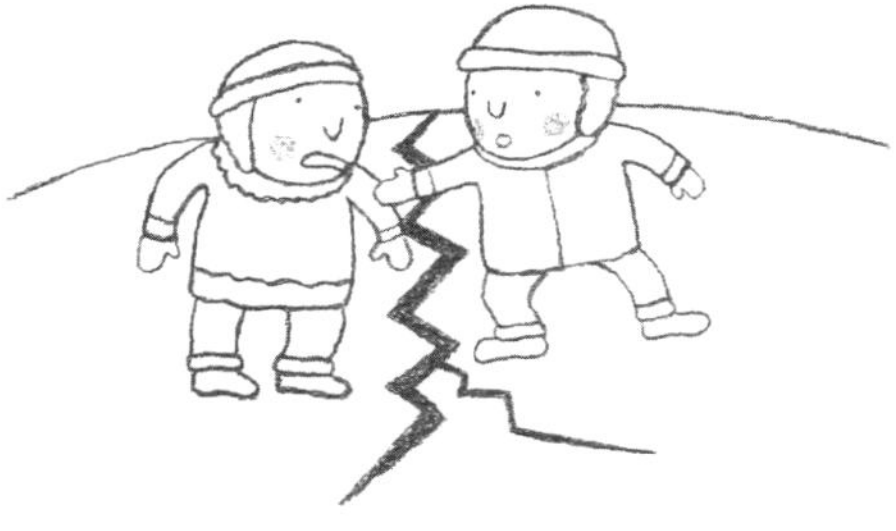

108
TIMELESS
LESSONS

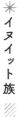

視野を広げれば敵味方で人を差別せずに済む

いつでも共感し合える親友だと思っていた人に悩みを相談したら、「それはあなたの問題だから」と一蹴《いっしゅう》され、がっかりしたことがあります。一方、ピンチの時に、気が合わないと思い込んでいた人が助け船を出してくれて、その人への見方が一変したこともあります。期待の選手がまったく振るわなかったり、最後に意外な人から逆転ホームランが出たりする野球の試合のように、**人間関係にも意外な展開や逆転がつきもの。**だからこそ人生というゲームもプレイする楽しみがあるのかもしれません。

人の魂は輪廻転生《りんねてんしょう》を繰り返し、そのつど異なる環境で異なる人格、役柄を演じている。つまりは、現世での敵も過去世ではあなたの母親だったかもしれないし、未来世ではあなたの親友になるかもしれない、だからどんな人も平等に見なければならない、と説くのは仏教の教えです。悪人だと思う人につらい目にあわされた時も、これは自分が過去世でした罪の償《つぐな》いかもしれないと思ってみたり、相手が未来世で被《こうむ》る苦しみを想像したりすれば、憎しみの代わりに慈愛の心がもてるというわけです。

61

急いで行くならひとりで行け。
遠くまで行きたければ
一緒に行け

＊アフリカ

独走には落とし穴がある

アフリカの砂漠やジャングルの旅を想像したら、この格言はまさに実用的な教えだとわかります。砂漠では、持っていける水の量はたかがしれていますし、ジャングルの旅でも、道をひらき獰猛《どうもう》な野獣から身を守るための道具や武器は限られます。

独走には落とし穴があることは、ビジネスの世界でも証明済み。使いやすさや機能性ではマイクロソフトのシステムより格段に優れていたアップル・コンピュータがパソコンの主流になりそこねたのも、他社にオペレーション・システムのライセンス使用を許さず独走しようとした企業戦略のせいだったようです。

担当責任者に決定権が一任されることが多い米企業と比べると、会議を重ねてより多くの関係者の意見を活かそうとするのが日本企業の特徴で、決定や動くスピードが遅いとされてきました。でもその代わり、いったん決定された事業展開は仔細《しさい》で入念、チームワークを活かした実行力にも長けているので、大事業で予定より早く納品するといった米企業では想像できない離れ業もやってのけられるのでしょう。

62

他人の苦しみに安心するのは愚か者

＊バスク地方

108 TIMELESS LESSONS

人はすべてとバランスを取り合って存在している

世界中で大きな自然災害が多発しています。大雨で土手が崩れて川沿いの隣町が浸水したら、ああ、うちの町でなくてよかった、と安心している場合ではなく、すぐさま皆で近くの土手の補強に力を尽くすべきことは明らかです。

日常生活でも同様です。酒豪ぶりを競い合っていた友人が肝臓を悪くしたら、すぐにあなたもお酒を控えたほうがよいでしょうし、同僚が肩たたきで早期退職を促されたら、ほっとするよりは、次は自分かもと対策を講じるべきでしょう。

このスペインの格言は「**ミタケオアシン**」を信条とする北米の先住民の世界観にも通じます。「**私が関わるすべてに祝福を**」という意味です。

人は人と、人は自然と、そして自然の要素も様々に関わり合い、バランスを取り合って存在しているという認識は、おそらく古代の世界では常識だったのでしょう。とはいえ、自己中心的に他人との比較で自分の幸福度を測りがちな人間の性癖にも気づいていたから、「ミタケオアシン」を挨拶として伝えてきたのでしょう。

63

隣人を裁く前に、そのモカシンで2カ月歩け

✳北米／シャイアン族

108 TIMELESS LESSONS

人の言動の背景には無数の要因がある

「モカシン」は柔らかな鹿の革などで作られた北米の先住民の伝統的な外履きです。デザインは部族によって様々ですが、いずれにしても底は薄皮1枚。しかもすべて手縫いですから、自分専用のモカシンでさえ、履き心地はそれなりだったのでしょう。

私がお世話になっていたコチティ族の長老は、妻に先立たれた後、多部族が集まる夏祭りでズニ族の女性と出会い再婚しました。その女性から聞いた打ち明け話です。

両族ともに同じ州に村落をもつ先住民の仲間ですが、しきたりが異なるため、コチティ族の村で暮らし始めてから何年たってもよそ者扱いを受け、気苦労が絶えないということでした。実際、彼女は長老が亡くなった途端にズニに帰されてしまいました。

「他人のモカシンで歩け」という比喩《ひゆ》は、北米の先住民にとっては、単に**他人の立場に立てということ以上の意味があった**のでしょう。人の言動に即座に反発する前に、その背景にはその人がもって生まれた短所長所に加え、育ちや社会環境、心身の健康状態など無数の要因があることを思い出したいものです。

64

友の目はよい鏡

ケルト

108 TIMELESS LESSONS

気づきを与えてくれる友は天からの恵み

スーパーに行った際、周囲の動きに無頓着すぎると夫に注意されました。買いたいものに猪突猛進《ちょとつもうしん》な私は、カートを押しながら平気で他人の目前を横切り、白い目で見られたりしているそうなのです。

それを聞いて思い出したのは「**あなたは欲しいものを手に入れる強さをもっている。でも、そのために周囲の人を傷つけることがあることに気づいていない**」という30年以上も前に親友から言われた言葉です。恋愛の話だったので、当時恋人がいなかった友人のやっかみにすぎないと心のなかで一蹴していたのですが、彼女と疎遠になってからも、自分への疑問、注意点として時折、意識に浮上してきていた言葉でした。

自分では気づいていないことに気づかせてくれる、自分では見ようとはしてこなかったことに目を向けさせてくれる友がいれば、それは天からの恵み。**外見だけでなく内なる自分の歪みも映し出す鏡**を得たようなもの。その言葉をしっかり受け入れ、心に留め置ければ、より美しく自分を磨いていけるのです。

65

偉そうな振る舞いは、無能の証明

古代ローマ

108
TIMELESS
LESSONS

知ったかぶりや負けず嫌いは自信のなさの表われ

ジャーナリストとして長年、各分野の識者に取材してきたなかで私が確信したのは、**本当に優れた人ほど、明快に答えられない質問を受けたら、はぐらかしたりせずに「知らない」「わからない」とはっきり言える**ということです。

一方、大学教授をしている私の友人で、自分が知らないことは何もないかのように振る舞う人がいます。私が最新情報をシェアしようとしても、必ず途中で遮《さえぎ》られ、「ああ、それについては何年も前に誰々と話した」と著名人の名前を出し、自分のほうが詳しいことを示唆したり、自分の薀蓄《うんちく》を述べだすのです。でも、黙って聞いていると、誤解していたり、実は知らないというのは明らか。とはいえ、彼の間違いを正そうとしたら反発されるだけなので、私はその話題は終わりにします。

先生は生徒に、上司は部下に、先輩は後輩に、親は子に弱みを見せたくないという気持ちはわかるものの、知ったかぶりや負けず嫌いで「裸の王様」になれば、自分の愚かさを露呈し、学びのチャンスを失うだけなのです。

66

分けて食べても
蜜柑《みかん》の美味しさは
変わらない

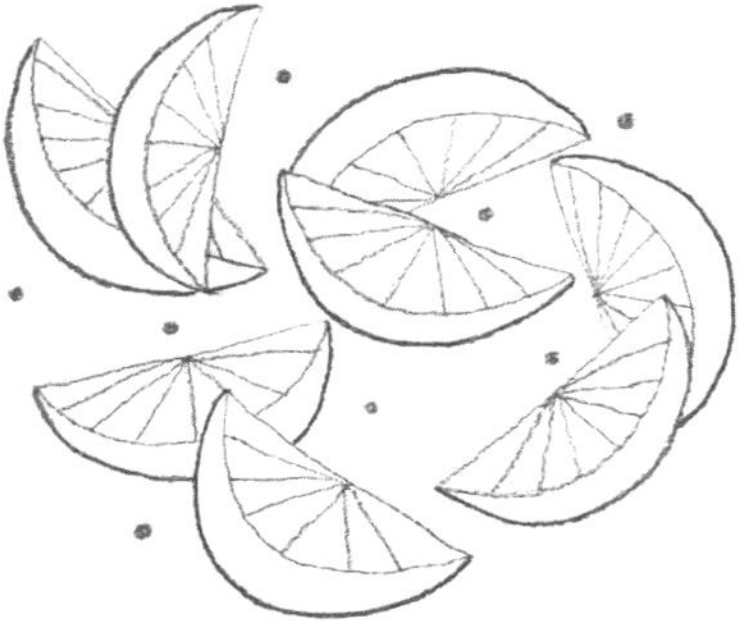

＊中国

108
TIMELESS
LESSONS

「分け合う」ことで「増える」もの

バンクーバーに住んでいた頃、週末の朝には公園で太極拳を練習する中国人のグループに仲間入りさせてもらい、そのあとよく皆で飲茶《ヤムチャ》に行きました。

いつも15人くらいが膝を突き合わせて円卓を囲み、何種類かの点心を2皿ずつ、お茶も何種類か頼みます。熱々の点心が運ばれてくると、小さなハサミを携帯してきた女性が皆に行き渡るようにシュウマイなどまで小さく切り分けて回転台に載せます。会話のほとんどは北京《ペキン》語か広東《カントン》語でしたが、周囲に座った人は気を遣って英語で話しかけてくれました。どこの出身なのか、何にでもお酢をつけて食べる人や、健康のためとすべてをお湯で洗って食べるお医者さんもいました。

中華系移民が多いバンクーバーには美味しい中華料理が豊富で、夫ともよく飲茶はしましたが、お茶を飲み比べしながら、たくさんの種類の点心を大勢の人と分け合って少しずつ味わうと、ひときわ美味しく感じました。**一緒に分かち合って食べれば味わいも増し、人との絆も深まり、心まで満たされる**のです。

Column 5

多くの名言を残したアインシュタインの教え

不滅の格言を残した人物の筆頭と言えそうなのが、アルベルト・アインシュタイン。物理学者といえば頭が固そうですが、舌を突き出して見せている写真でもわかる通り、現代物理学の父と讃えられるようになっても、子どものようにオープンな心と素直な発想、好奇心をもち続けていた人のようです。

科学者として極めて優れていただけではなく、社会や自分の内なる世界への洞察も忘れない思想家で、天啓に通じていた真の天才だったのでしょう。

いくつかの言葉を紹介しておきましょう。

「すべての宗教も科学も芸術も同じ木の枝」

「最も美しい体験は神秘体験」

「現代の方法論が聖なる問いの好奇心をまだ完全に窒息させていないのは実際、奇跡に近い」

「人は我々が『宇宙』と呼ぶ全体の一部」

「重要なのは問い続けること」

「好奇心にはそれ自体に存在価値がある」

「科学は言論の自由のなかでのみ花咲く」

「人の知識とスキルだけでは人類は幸福で威厳ある人生を得られないことを忘れてはならない」

「人生は自転車に乗るようなもの――バランスを保つには動き続けなければならない」

「子どもを知的にしたければ、おとぎ話を読み聞かせなさい。子どもをもっと知的にしたければ、おとぎ話をもっと読み聞かせなさい」

「唯一無知より危険なのは傲慢《ごうまん》」

「真実にとっての最大の敵は、考えなしで権威を信じること」

「人生の生き方は2種類。奇跡はないと思って生きるか、すべてが奇跡だと思って生きるかだ」

第6章

将来への展望をひらく

108
TIMELESS
LESSONS

67

平野を見るには山に登れ

＊中国

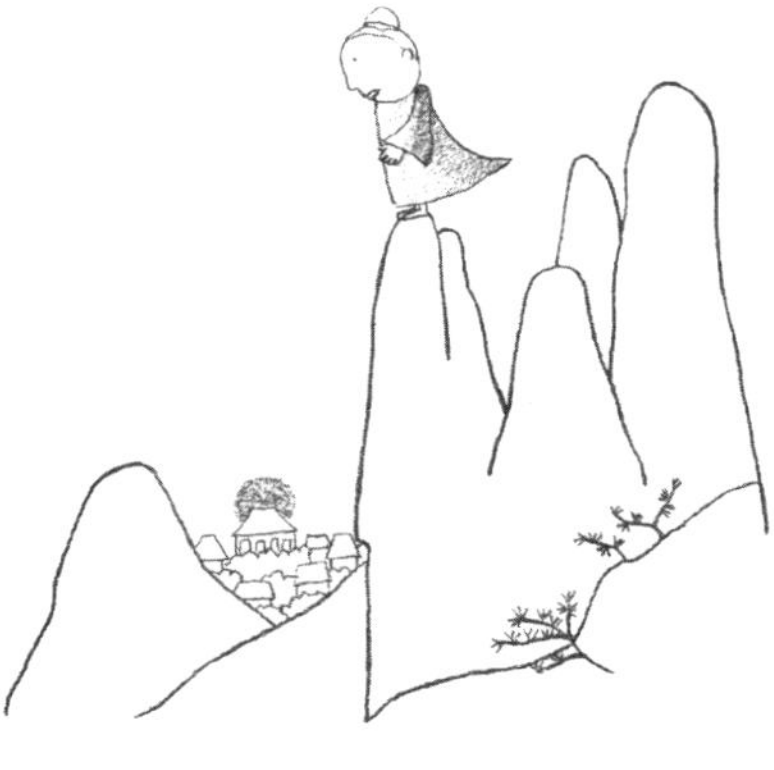

108
TIMELESS
LESSONS

過去・現在・未来も包括する視野

私の気功の師によれば、**政治や社会構造も、風水、つまり自然の要素のエネルギーの法則に影響されている**そうです。中国は一方向にある高い山脈が全土を見下ろす地形ゆえ中央集権国家に、北米大陸では山脈があちこちにあり水も八方に下るので、地方ごとにリーダーがいる合衆国になったとか。

日本でも、右の格言と同様の意味の「木を見て森を見ず」というのがありますが、語源は森林の多いヨーロッパのようです。人々は、高みから物事を見る必要性を昔から認識していたのかもしれませんが、逆にいえば、いざという時に視野が狭まりやすいのは、人類普遍の傾向なのかもしれません。

テクノロジーやクリエイティブの世界でも**「アウト・オブ・ボックス」**(枠をはずせ)と言いますし、3次元の問題は4次元の視点から見ないと解決できない、という表現も聞くようになりました。個人の問題にしろ、世界の課題にしろ、展望をひらくには、今起きていることだけでなく、過去・現在・未来も包括する視野が必要なのです。

68

明日、山を動かしたければ、
今日、石を拾い集める
しかない

✳アフリカ

108
TIMELESS
LESSONS

ひとりひとりにできること

戸籍制度がないアメリカでは、10年に一度、郵送されてきた調査票に回答する人口統計調査が行なわれます。実はこの調査の結果によって、その地域を代表する議員の数が決まり、公立の学校や病院、福祉などの予算の割当も決まります。つまり、少なくともその後の10年間の政治経済に多大な影響を及ぼすのです。しかし国民の多くはその重要性を認識しておらず、調査への回答がされないことが多いので、ボランティアの調査員が全米各地を戸別訪問し、聞き取り調査を行なっています。

アメリカでは署名運動も盛んで、人が集まるスーパーやショッピングモールの駐車場などには昔ながらの紙の署名用紙をもった人が立っていて、よく環境改善や政府の政策に関する請願書への署名を求められます。研究者によれば、請願内容が実現するか否かにかかわらず、署名運動はその運動への社会の関心を高め、賛同者を増やすリクルート・ツールとして効果的で、奴隷解放という大きな社会変革にも貢献したそうです。**ひとりひとりの人の意志も集まれば大きな力になる**のです。

69

進むべき道は
他人に決めさせずに、
自分で見つけろ

✳メキシコ／アステカ

108
TIMELESS
LESSONS

「その道のプロ」になるか「会社員」になるか

子どもの頃、映画演劇の会社で劇場勤務だった父が、本社の経理部に転属されました。美女に囲まれ芸能人と飲み歩く仕事から退屈なデスク勤務となり、意気消沈。けれど数年後に演劇部に転属。まさに水を得た魚となり、役者さんたちの舞台の裏話をよく聞かせてくれるようになりました。

配置換えや転勤は日本では珍しくないのでしょうが、この社員の転属、転勤の繰り返しは誰の得にもなっていないように思えます。日本では誰かに職業を尋《たず》ねると勤め先の会社の名前が返ってきますが、欧米人にとっては奇異な答え。**キャリアとは個人の進路のこと**で、「エンジニアです」とか「会計士です」と答えるからです。

業種、職種を選んで入社しても、技能に磨きをかけ必要な人脈も構築した頃に出る**配置転換の辞令は、「その道のプロ」ではなく「会社員」になれという指示**。芽が出て蕾《つぼみ》が膨らんだ頃に根こそぎ引っこ抜かれるなら、転属先で一からやり直すより、いっそのこと他の会社に接《つ》ぎ木して花を咲かせる選択もあるのではないでしょうか。

70

ゆっくり進めば、早く着く

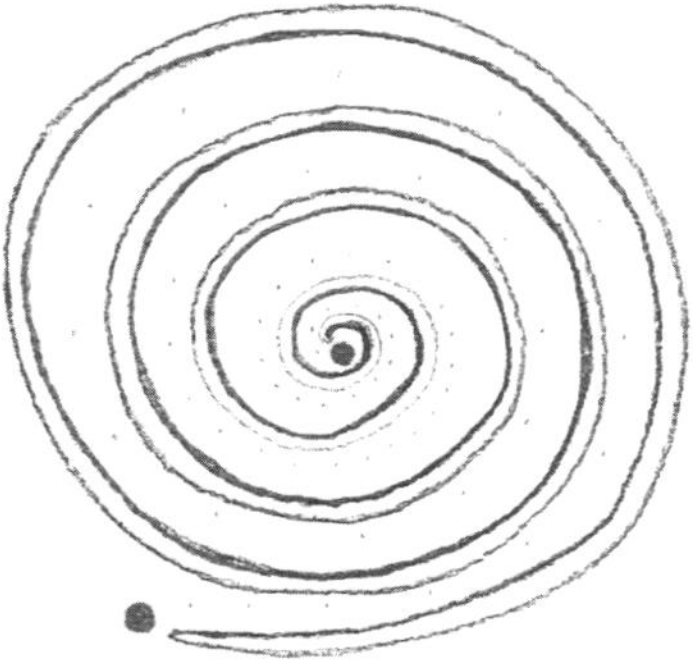

チベット

遠回りに見える最短ルート

この格言は古代チベットの聖者**ミラレパ**の教えです。ミラレパは日本でいえば修験道の開祖である役行者《えんのぎょうじゃ》（役小角《えんのおづぬ》）のような人物。王族に生まれたミラレパは7歳にして父が病死、父の財産を強奪した叔父の召使《めしつかい》にされましたが、虐待を受けたことから復讐の鬼と化して黒魔術を学び、叔父一家を、叔父に加担した村もろとも呪術で滅ぼしました。しかしその後、その悪行の報いへの恐れから仏法を求め、すぐれた仏法師となります。そして多くの弟子を育成し、行く先々で、人に害を与える魔物を説法で改心させたとして、今でもチベットでは聖者として慕われています。

若い頃に犯した悪行のカルマの浄化のために、ミラレパは師から肉体的にも精神的にも極限の試練を課されました。けれどそのおかげで、結局は生きているうちに悟りが開けたのです。チベット仏教では一生修行に尽くした僧でも何回かの輪廻転生を経ないと悟りは開けないとされているなか、ミラレパは**地道な努力を続けたことで意図せず悟りへの最短コースをたどった**わけです。

71

前を見ない者は取り残される

バスク地方

108 TIMELESS LESSONS

過去や未来に気を取られていると前進力を欠く

マラソンで好調な出だしを切っても、後続のランナーを気にして後ろを振り返ってばかりいたら、すぐに遅れをとってしまうでしょう。心理学者によれば、ふだんの暮らしのなかでも、**視線の向きでその人の考えていることがわかる**そうです。

「視線解析」と呼ばれるもので、人が新たに視覚的なイメージを創造している時には右上、過去のイメージを思い出している時には左上、新たな音を創造している時には右横、音や音楽を思い出している時には左横、体感や感覚を思い出す時には右下、自己と対話している時には左下に目線を向けているのだそう。トラウマを抱えている人には、視線を向けると不安や居心地の悪さを感じるポイントもあります。

さて、あなたはどんな方向に視線を向けやすいでしょうか？　人生という長いマラソンでも、過去や未来に気を取られて視線を右往左往させてばかりいたら、前進力を欠いてしまうのは確かでしょう。**意識的に前を見る努力をすれば**、ぼんやりと決めていた自分の目標やゴールも、はっきりと見えてくるかもしれません。

72

求めなければ、見つからない

＊ニュージーランド／マオリ族

108 TIMELESS LESSONS

「本当に求めているのか」自分に問い直す

不妊治療を専門にする心理療法士から聞いた話です。赤ちゃんが欲しいのに妊娠できない時、潜在意識のなかに、仕事と子育ての両立や子どもをもつことで夫婦の関係が変わることへの不安、経済的不安、自分が不幸な環境で育ったために子どもも不幸にしてしまうという恐れなどがあれば、それが生殖機能を乱し、妊娠の成就を妨げていることがあるそうです。病気や怪我がなかなか治らない場合にも、本人が病人として家族の愛を一身に受けることを喜んでいたり、仕事に復帰することに躊躇《ちゅうちょ》があったりして、自分自身が100%の完治を望んでいない場合が少なくないのです。

求めているものが見つからない時には、**自分が本当は何を求めているのか、本当にそれを求めているのかを、内なる自分に問い直したほうがよい**のかもしれません。気にいった転職先がなかなか見つからない場合も同様でしょう。結局はそれが転機となり、趣味にしていた音楽やアートに本気に取り組むようになって成功した、といったサクセスストーリーもよくある話なのです。

73

いい栗は座って待て

✳サモア

108 TIMELESS LESSONS

焦って苦い栗をつかまないように…

この言葉で思い浮かんだのは、日本の婚活事情。婚活パーティーは盛況のようですが、シャイで思ったように話せない人も。そんななか、様々なアプリが開発され、少子化を心配する自治体主催のパーティーでも利用されていると聞きました。それで、木の根元に座っていい栗が落ちてくるのを待つ人のように、**タブレットの画面に理想のプロフィールが表示されるまでひたすら待つ人**の姿を想像してしまったのです。

婚活は、アメリカでは理解されにくい概念。デート相手を探すアプリは人気ですが、出会いを結婚に直結させようという人は少ないのです。そもそも結婚適齢期という考え方や結婚を迫る家族や世間からのプレッシャーも少ないので、何歳までには絶対に結婚しなければとか、生き遅れているといった気持ちになることもありません。

結婚は、結婚後に安定した幸せな人生を送るために人類が生み出した生活形態のはず。結婚自体を目標として焦って、見た目は立派でも、茹《ゆ》でても焼いても食べられない苦い栗をつかんでしまうことがないようにと願います。

74

答えがないのも答えのひとつ

北米／ホピ族

108 TIMELESS LESSONS

深追いしないほうがいいこともある

短期留学先のハーバード大学で受講したビジネス交渉術のクラスでよく覚えているのは、**日本人に何かを提案して沈黙されても、焦らずに10秒間は何も言うな、**という教えでした。日本では会議などでもすぐには答えを出さないのが普通ですが、質問したら瞬時に何らかの反応が得られることに慣れているアメリカ人は、問いかけた相手からすぐに答えが得られないと焦ります。そして提案が気に入られなかったと思い込み、慌てて妥協案を提案してしまい損をしがちだ、ということなのです。

この留学時に、交際におけるアメリカ流の暗黙のルールも学びました。友人と翌日遊ぶ話をしていて「じゃ、電話するね」と別れ際に言われ、その電話を待って翌日丸一日を無駄にしたのです。**アメリカ人の「電話するね」は「じゃ、またね」程度の挨拶言葉**だとは知らずに。男女交際では、初めてデートした相手から「電話するね」と言われたら「君からは電話しないで」の暗喩《あんゆ》、電話がなかったら脈ナシとみるのは常識と知りました。深追いしないほうがいいこともあるのです。

75

知識より知恵を求めよ。
知識は過去の産物で、
未来をもたらすのは知恵

＊北米／ラムビー族

「知識」と「知恵」の違い

ノースカロライナ州を居住地とするラムビー族は、アメリカのなかでも人口が多い先住民の部族。もとは様々な先住民が集まってできた多民族社会だったようで、言葉も生活習慣も伝統も異なる人々が一緒になって未来を築いていくためには、「知識」よりもそこから抽出された「知恵」を共有する必要があったのでしょう。

ラムビー族に限らず北米の先住民は、喋るための母国語はあれど文字はもっていませんでした。現象は移ろうもので、出来事も一過性ですから、**未来に向けて大切なのは、過去を記録するよりも、そこから何を学ぶか**だったのです。英語を共通語にするようになった後にも、先住民の長老の多くは、大切な教えは相手の顔を見ながら伝えるものだとし、ひとり歩きして意味を失ったり曲解されたりしかねない文字による記録は敬遠していたそう。ネットで世界中に様々なフェイクニュースや陰謀説が蔓延し、知識からは何が真実なのか見極めにくくなった今、闇雲に知識欲を満たそうとするよりは、知恵を求め身につけることが大切だと思います。

76

探すのをやめ、
創造主の意のままに
生き始めた時に、
初めて知恵は訪れる

北米／ホピ族

108 TIMELESS LESSONS

一時的な「便利」が永続的な「幸福」につながるとは限らない

ホピ族は古代から急な崖に囲まれて孤立する「メッサ」とよばれる高台に定住していた先住民。不便極まりない立地なので、白人に居住地や文化遺産を奪われることなく、古代からの予言や知恵、伝統文化を今に伝えることができた部族です。

ホピ族は未来の出来事や人類の運命を語った「ホピ族の予言」でも有名です。その予言では広島への原爆投下も示唆され、その後に人類が繁栄か滅亡かのあと戻りできない岐路《きろ》に至ることも示されていたよう。20世紀後半から、ホピ族の長老が国連や外国に出向いて現代人に生き方の転換を呼びかけるようになりました。しかしその声は届かず、相変わらず戦争や環境破壊を続ける世界に見切りをつけ、ホピ族は部族のサバイバルに専念するようになった、と聞いたのはもう10年以上前になります。

科学技術が未来をよくすると信じ、**より便利に、より高機能に、と常に新しい何かを探し続けても、私たちがそれによって、より豊かに、より幸せになるわけではない**のです。気候変動や疫病《えきびょう》も、文明の方向転換を迫る警告なのだと思います。

77

舟を持たない人は、
大地に縛られた
ようなもの

✳ノルウェー

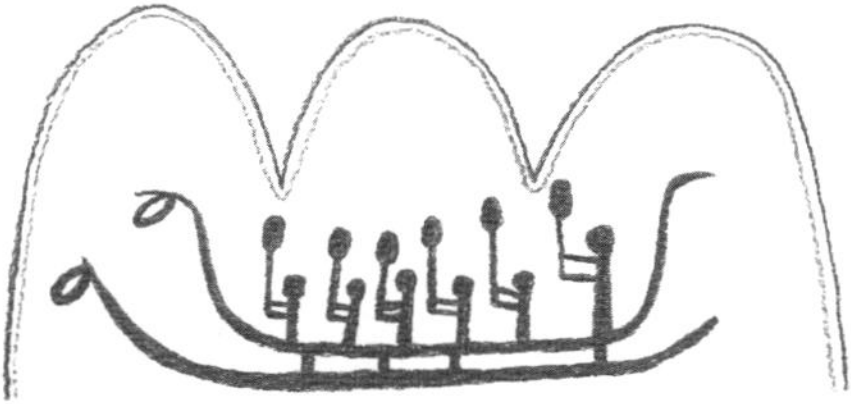

108 TIMELESS LESSONS

新たな人生設計に必要なツールは何か

ヴァイキングで知られるノルウェーらしい言葉です。ヴァイキングは優れた航海術で知られ、貿易や海賊で8世紀末から11世紀中頃までの間、ヨーロッパからロシア、中東まで勢力を広げた北方ゲルマン族の総称です。考古学調査では紀元前4世紀のものとみられる木船も発見されており、古代から大地に縛られることを嫌った自由人だったようです。ノルウェーの人々は海洋を渡ってスコットランド、アイルランド、アイスランドに植民し、11世紀にはシチリア島に国家を建設したそうです。スカンジナビア半島の西岸に位置したノルウェーからでは、多くの国境をこえる陸路より船旅のほうが問題も少なかったのかもしれません。

私たちも新たな境地を求めるなら、**漠然と大望に思いを馳せるのではなく、まずはその新たな人生設計に必要なツールは何なのかを考え、確保する手固めが必要。**若い頃に少し頑張って学位や資格を得たり、スキルを磨いたりすることに時間とエネルギーを費やせば、結局は成功への近道になるといったこともあるのです。

78

走れるようになる前に歩き方を学べ

ケルト

108
TIMELESS
LESSONS

手順をスキップすればマスターはできない

歩き始めたばかりの赤ちゃんが目先の何かに心を惹かれ、突進する途中で転ぶ姿は愛らしいです。しかし、目の前の夢や理想で頭がいっぱいになり、**先走りして失敗する危険があるのは大人も同じ**であることを、この格言は思い出させてくれます。

スキーで、まだパラレルターンもできないのに見栄を張って仲間と一緒に上級者コースに行ってしまい、狭い急斜面でひとり取り残され、泣きたくなったという話も聞いたことがあります。

東京でコピーライターをしていた私は、30歳を過ぎてから『ザ・ニューヨーカー』誌のライターに転身しようという大志を抱きました。ジャーナリズムの大学院に留学できたまではよかったのですが、南部訛《なま》りの早口でまくしたてる法律の講義は聞き取れず、ライティングで太刀打《たちう》ちできるわけもありません。卒業はできたものの、英語をマスターしてから留学していれば、在学中のインターンシップを活かして『ザ・ニューヨーカー』誌のライターになれていたかも、などと空想してもあとの祭りです。

79

師は扉を開けるが、なかに入るのはあなたひとり

中国

進み続ける覚悟と忍耐強さをもっているか

私は根っからのジャーナリスト気質で、新しいことを学ぶのが大好きです。これまで数多くの素晴らしい師に出会い、様々な世界への扉を開けてもらいました。

そして、この格言はまさに真実であることを実感しています。どんなに偉大な師を得ても、学びの道にはこれ以上は進めないという頂上があるわけではありません。師の教えやアドバイスは、手探りで進む暗闇の道程のところどころに光をあててはくれますが、師が手とり足とりしてくれるわけではなく、**進路は自分の足で決めていかなければなりません。**

私の場合には、あまりに好奇心が強すぎ、何でも知りたがる一方で、使える時間には限りがあるので、せっかく扉が開かれても、ちょっと進んではあとずさりして、次から次へと扉を開けてばかり。この格言から、扉を開けてもらうからには、進み続ける覚悟と忍耐強さをもって臨まなければ師に対しても申し訳ない、と反省しました。

あなたはどんな扉を開けてもらって、どんな道を進んでいますか？

Column 6

エネルギーが不滅なら──「人は不滅」の教え

西洋で17世紀に哲学者のデカルトらが主張し始め、19世紀にドイツの物理学者、マイヤー、ジュール、ヘルムホルツらが確立し、アインシュタインの相対性理論によって裏づけられたとされるのが、エネルギーは不滅であることを示した「エネルギー保存の法則」。

だとしたら、人間も不滅だと言えるのでしょうか？

東洋のチベットや中国では、古代からそう信じられてきました。

チベット仏教では、完全に悟りを得た人の肉体は死に際して自然の五元素に還元し、虹の身体となって消えるとされています。

悟りが不完全だと爪と歯と髪が残り、少し悟りが開けた程度の場合には死後1週間ほどで死体が小さなミイラになるということで、実際に小さなミイラになった高僧の例や写真は近年でも報告されています。

すべては宇宙の法則＝道に従うとする道教から生まれた気功でも、錬丹術《れんたんじゅつ》をマスターすれば宇宙に通じる脳の扉が開き、永遠の叡智を秘めた光の身体をもつ仙人が自分の内側から出現するとされています。

人の本体は精神エネルギーで、肉体はその器にすぎないという仏教や道教の見方は、今ではスピリチュアルな人々の間でも当然とされるようになりました。さらに近年では、量子物理学者や宇宙物理学者、脳神経学者など最先端科学の学者の間でも再評価され始めています。

それが真実か否かは人智をこえる命題なのかもしれませんが、自分の魂は不滅と信じてみれば、生き方も変わってくるように思います。

第7章

より健やかな社会へ

108
TIMELESS
LESSONS

80

村に受け入れられない子どもは、
ぬくもりを求めて
村に火を放つ

アフリカ

治療にあたって「薬」よりも必要なもの

私の夫は幼稚園の入園3日目にして、お昼寝の時間に走り回り、他の園児に迷惑だからと退園させられた経験をもっています。小学校でも授業中に教室を歩き回って問題児扱いされ、教会の日曜学校では牧師の説教に野次をとばし、聖書に書かれた「奇跡」に「そんな馬鹿な！」と叫んで、教会から破門されました。

夫の場合には、変わり者の彼を楽しむ家族がいて、落ち着きのない子を落ち着かせることも仕事のうちと心得た先生もいたので、屈折せずに育ったようですが、今なら間違いなく、ＡＤＨＤなどの発達障害と診断されて薬漬けにされていたことでしょう。

アメリカでは製薬産業のプッシュにより、多くの発達障害の子どもたちが、時には強制されて薬を服用させられていますが、薬やその副作用が発達過程の脳に及ぼす影響は予測しきれていません。アメリカで銃の乱射事件を起こした生徒には向精神薬の服用者も多くおり、他殺願望はその副作用だった可能性もあるとも聞きました。愛と寛容という副作用のない薬もあるのでは、と思います。

81

賢者は知恵を求める。愚か者は盲目に信仰する

＊チベット

108
TIMELESS
LESSONS

安易に「常識」を信仰しない

「私が言ったからといって信じてはいけない。自分で検証しなさい」。そう述べたのがお釈迦《しやか》様だと知り、宗教イコール盲目的な信仰という概念は私の思い込みに過ぎなかったのだと反省したことがあります。

キリスト教では、17世紀前半に地動説を主張したガリレオを有罪にしたバチカンが、1992年になって公式に地動説を認めたというニュースが話題になりました。**科学や医学の世界でも「常識」を信仰してしまう傾向がある**ようです。

何かや誰かを信じてすがりたいという気持ちは人類普遍の心理なのかもしれませんが、やたらな信仰や信条は個人や社会の推進力の妨げになるのではないでしょうか。

病気や苦境に際してもダメだと決めつけ、それを信じたら、よくなるものもよくならないのです。また、環境保全にしろ食品安全にしろ医療にしろ、「信じたい」人の気持ちにつけこむ利権政治や商法、詐欺《さぎ》が横行しているなか、安易な決めつけや信仰に陥らない注意が必要でしょう。

82

傷とはあなたに
光が入る入り口

✳ペルシャ

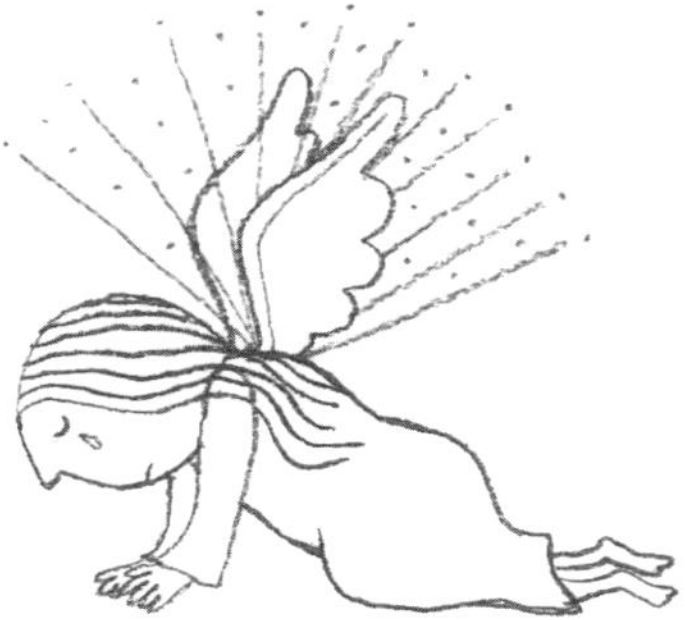

108
TIMELESS
LESSONS

何かを失った時に思い出したい言葉

これは13世紀のペルシャの神秘主義詩人ジャラール・ウッディーン・ルーミーの言葉です。時をこえて世界の人々を魅了してきたルーミーは**「嘆き悲しんではならない。あなたが失ったものは他のかたちで帰ってくる」**という言葉も残しました。

思い出されるのは、無差別銃撃といった突然の惨劇で愛する家族を失った人々の強さと正義感、社会意識の高さです。アメリカでは多くの人が悼《いた》み悲しむ気持ち、そして犯人への怒りを社会運動への情熱に転換します。それまでは個人の生活に追われていたごく普通の人々が、周囲の状況に目を配り、そうした犯罪を生み出す社会問題の根絶に向けて立ち上がるのです。

こうした話には誰もが心を打たれ、激励や支援が殺到します。失った人の代わりにはなりませんが、他人からの思いやりや新たな人間関係が傷を癒す助けとなり、生きていく支えになるのは確かでしょう。**傷を負った時こそ、殻《から》に閉じこもらずに世界に自分を開けば、暗闇に落ちずに希望の光も見いだしやすい**のです。

83

ライオンが書き方を学ぶまで、物語は狩人を讃え続ける

アフリカ

108 TIMELESS LESSONS

「歴史は勝者によって書かれる」

これは**「歴史は勝者によって書かれる」**と同意で、視点によって出来事の解釈は異なるという意味。猛獣を仕留めた人は狩人仲間にとってはヒーローかもしれませんが、殺されたライオンや動物愛護者から見れば、残忍な悪人というわけです。

この格言を読んで、私は人が死後に異次元で体験するという「人生の再現ドラマ」を思い出しました。救命医療の発達で急増した臨死体験の経験者のなかには、息を吹き返す前に、自分の全人生の出来事を再体験させられた記憶をもつ人が多いのです。なかには、自分以外の人が主役のバージョンを同時に体験させられる人もいるそう。**客観的な視点から出来事を見直して、自分が世界に及ぼした影響を理解し、しっかり反省して慈愛の精神に目覚めてからこの世に戻される**のです。

自分の体験が一方的な見方の物語にすぎなかったことを、誰もが死んだ直後に学ばされ、自分の愚かさを恥じ、悔やむことになるのだとしたら、今からそれを念頭に置き、周囲の状況や他人の立場を思いやって生きる努力をするほうがよさそうです。

84

心に教えず
頭に教えただけでは
教育にならない

古代ギリシャ

「理性」とは徳を高めていくこと

これは、西洋哲学の基盤を築いたひとりである、古代ギリシャの思想家アリストテレスの言葉とされています。頭の教育を重視しているようにもとれる彼の「幸福論」ですが、本意は違います。**快楽を追っても生活が幸福になるだけで、真の幸福を得るには人間だけがもつ理性を完成させなければならない**と説いたのです。そして彼がいう理性の活動とは単なる論理的な思考ではなく、人間としての徳を追求することでした。

現在の学校教育をみると、幸福な人生をひらくためのはずの勉強や、教育の場での先生や学友との人間関係が、多くの子どもたちや若い世代の悩みやストレスの原因になっている、異常な状況のように思います。

国の発展に重要なのは国民総生産より国民総幸福度、と提唱して世界的な反響を呼んだのはブータン国王。私が王様なら、学校の目標を学力や偏差値の向上から幸福度の上昇に変えて、学力のある子もない子も、強い子も弱い子も、活発な子も内気な子も、楽しく幸せな生き方を学べる教育改革を実現したいところです。

85

街で取引される魚をもたらすのは漁師

✳シュメール

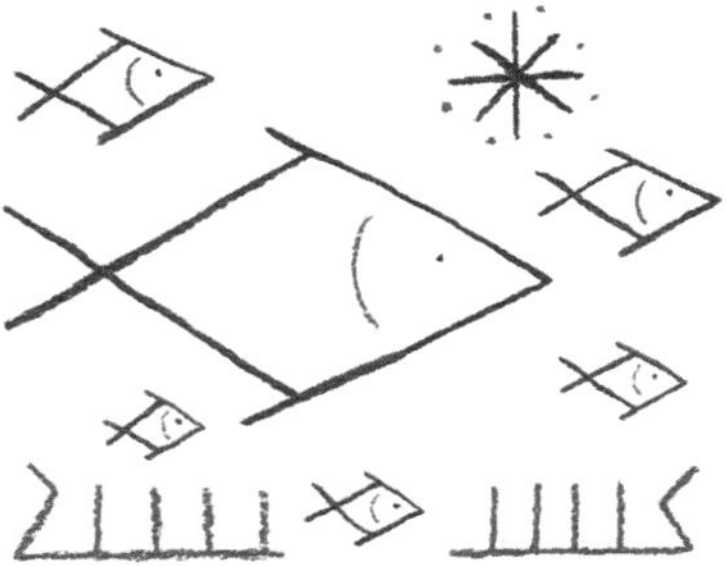

108 TIMELESS LESSONS

関わる人の努力を知れば、より美味しく食べられる

魚をあまり食べないアメリカでは、日本人が大好きなマグロはもっぱらシーチキンとして缶詰で売られています。一部の寿司通《つう》は別として、マグロがどんな形や大きさで、どこで釣られて店まで届くのかは、想像もしたことがない人も多いでしょう。

エビやカニはアメリカでも人気で、北海のカニ漁に密着取材したテレビのリアリティーショーも大ヒットし、ゲームにまでなりました。その名も『Deadliest Catch』。キングクラブやスノークラブのカニ漁は世界一危険な職業だそうで、番組では漁船が沈没《ちんぼつ》したり、恐らく過労とストレスも手伝って心臓発作で亡くなる乗組員も出ました。スーパーでもレストランでも脚の一部しか見かけないキングクラブが、大きいものでは９キログラム、脚の長さは１５０センチメートルもあることをテレビを通じて知った人も多いのです。食卓と食源が遠く切り離されてしまった現代ですが、どんな食べ物も自然発生はしないこと、**関わる人の努力の成果であることには違いありません。**それを忘れずに食べればより美味しく食べられるでしょう。

86

調和の法則を知るものが基盤をつくらなければ社会は成り立たない

✳エジプト

対抗と競争による発展がもたらすもの

悪名を馳せた、**「刑務所実験」**というスタンフォード大学の社会心理学の実験があります。

被験者を「囚人」役と「看守」役に分け、**社会的立場が個人に与える心理的影響**を2週間にわたって観察することを目的としたこの実験では、2日目にして待遇に怒った囚人役が反乱を計画。看守役は禁じられていた暴力は振るわなかったものの、他の残忍な処罰法を考えだし、囚人を心理的に虐待し始めたため、4日目には囚人3人がトラウマに耐えきれず実験から脱落しました。他にもウツになったり意識が朦朧《もうろう》としだした囚人が増えたため、実験は6日で中止となり、大学は非人道的な実験で学生に深刻な心理的打撃を与えたとして大きく批判されました。

権力意識があまりに素早く被験者を暴君にしたことに実験者も驚いたようですが、対抗と競争による発展をよしとする現実の社会で、私たちの誰もが心理実験のモルモットにされているのではないかと思えてきます。

87

身体が異なる骨や内臓で
できているように、
すべての生き物は
頼り合って存在している

＊インド

108
TIMELESS
LESSONS

多言語、多宗教のインドで共存している人々

インドで最も古くから信仰されてきたヒンズー教は、世界のメジャーな宗教のなかで唯一、動物神のいる宗教だそうです。象の頭をもつガネーシャ、猿の頭をもつハヌマン、蛇神のナグなど、人間以外の動物の特性も尊重されています。

インド人の8割近くはヒンズー教徒ですが、インドは宗教的にも多様性に富んだ国で、イスラム教徒も14％ほどいます。仏教が生まれた国でもあり、他にもキリスト教徒、シーク教徒、ジャイナ教徒、ゾロアスター教徒もいます。カースト制度の名残はあるものの、他の多くの国ほどの宗教対立もなく共存できているようで、宗教的ハーモニーという点では先進国だとみられています。また、多言語国家で、共通語はヒンズー語と英語ですが、１万人以上の人が喋る言語は１２２言語もあるようです。それだけ雑居の国なので、母国語や宗教観や慣習の違いという衣はさておいて、裸の人間付き合いで頼り合って生きようという共通認識が育ったのかもしれません。

宗教や文化の違いで対立せずに頼り合う精神は、世界中が見習うべきでしょう。

88

小さな自分には
違いは生めないと思うなら、
1匹の蚊と
ひと晩寝てみろ

✳アフリカ

108 TIMELESS LESSONS

世界戦争を防いだひとりの勇気

目に見えないほど小さな蚊の煩《わずら》わしさは誰もが知っていますが、**個人の言動も、よきにつけ悪しきにつけ社会に大きな影響を与える**ことは忘れられがちです。

シアトルは環境保護の先進都市として知られていますが、それでも空き缶やスナック菓子の袋を道端に捨てる不届き者はいて、そのままにしておくと、たちまちゴミが散乱します。右へ倣えの習性で、ひとりの悪行が多数を引き寄せるのかもしれません。

ひとりの勇気が本当に大きな違いを生んだ例もあります。米ソ冷戦のさなかに、ソ連の基地がアメリカからのミサイル攻撃を検知したことがあったそうです。そうした場合には即座に対抗ミサイルの発射ボタンを押すように、監視役の兵士は命じられていましたが、当番だった兵士は独自の判断で反撃をとどまりました。結局、敵のミサイルは飛来せず、ソ連の検知器の誤作動だったことが明らかになりました。

兵士が命令通りに発射ボタンを押していたら世界戦争の引き金となり、推定数十億の人命が失われていたそう。ひとりの決断が世界を救うこともあるのです。

89

利他の精神は優れた人物の証《あかし》

エジプト

108 TIMELESS LESSONS

尊敬に値する人たちの姿とは

俳優のドウェイン・ジョンソンの年収は推定約8千万ドル！　と聞いて、呆れました。そう言ってはなんですが、なくても生活には困らない娯楽の提供者に極端な価値が置かれる一方、アメリカでは消防士の年収は3万ドル台、教師の年収は4万ドル台。**娯楽映画のスターに、次の世代を担う子どもたちを教える学校の先生の2千倍の価値があると社会が見ているとしたら、何かが大きく間違っている気がします。**とはいえ、ハリウッドのスターのなかにも、ジョージ・クルーニーやショーン・ペンなど、慈善活動に資金とエネルギーを注ぎ、「フィランソロピスト」（慈善家・篤志《とくし》家《か》）として尊敬されるようになった人たちもいます。

利他が仕事のはずの政治家の多くが地位や肩書を利用して私欲を満たすことに専念していることを考えれば、彼らのほうがよほど尊敬するに値すると言えるでしょう。そして、社会正義や社会福祉の必要性について語る素顔の俳優たちのほうが、スクリーンで演じるヒーローの姿よりもずっと美しく輝いて見えます。

90

蛙は自分が棲《す》む池の水を飲み尽くしはしない

北米／ラコタ族

人々を潤すのは水か油か

ラコタ族の居住地に近いノース・ダコタ州が、今ではテキサス州についで米第2位の石油産地になりました。シェールオイルやシェールガスの量は膨大で、中東に依存しないアメリカのエネルギー自給自足を可能にし、貧困な過疎地の経済発展への寄与も期待され、石油開発関連の輸送業やサービス業も盛んになりました。

ところが、次第に明らかになったのはその弊害。採掘には化学物質や砂を含む大量の水を地下に高圧で送り込んでシェール層を砕き、油やガスを噴出させます。地中の水質汚染や大気汚染を招くだけでなく、地震の引き金にもなりかねないとわかり、採掘の是非が議論されるようになりました。

ラコタ族の多くの人々にとっては、大切な水源が汚染される不安が大きいだけでなく、そもそも母なる大地のお腹をえぐるなど、もってのほかの蛮行《ばんこう》。一方、採掘関連の収益で貧困から脱出できたことから、採掘続行を望む人もいます。

喉を潤す水を守るか、経済を潤す油をとるかは、相容れない水と油の論争です。

91

岩だらけのぶどう畑に祈りはいらない。いるのは鎌《かま》だ

北米／ナバホ族

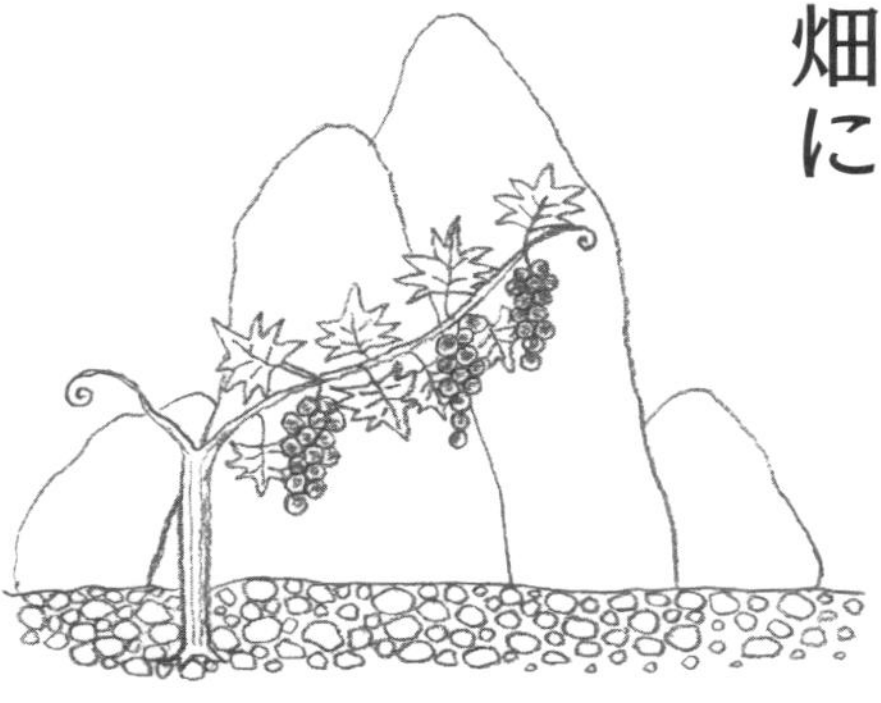

108 TIMELESS LESSONS

平和の実現に必要なのは祈りと行動

この格言を読んで頭に浮かんだのが、**「白人は日曜日に祈って他の日は好き勝手に生きるが、私たちは毎日祈るように暮らす」**という北米の先住民の長老の言葉と、ナバホ族が豊作への祈りを託す、トウモロコシの女神の人形です。

食料品店も身近にない僻地《へきち》で、米農務省には食料砂漠と分類されたアリゾナ州のナバホ族居住地では、食料自給の必要性に目覚めた人々が農耕の復興に取り組み始めたそうです。ナバホ族にとっては日差しや雨降りなどの天候も、すべての創造主たる「大いなる神秘」のなせる業なので、雨乞《あまご》いや農作物の豊作などを祈る儀式も欠かしません。でも、彼らの祈りは祈っておしまいの天任せではなく、望みを叶えるための自分たちの努力への誓いでもあるのです。

ナバホ族とチベットの伝統文化には共通性が多いことも知られていますが、チベットのスピリチュアル・リーダーでノーベル平和賞を受賞したダライ・ラマ法王も**「平和の実現には祈りだけでなく行動も必要」**と呼びかけています。

92

人々の心に
真の平和が宿るまで、
国と国の間に
平和が訪れる
ことはない

北米／ラコタ族

108
TIMELESS
LESSONS

偏見や敵対心を友情に変えるために

ダライ・ラマ法王は**「個人の心が平和でなければ世界に平和は訪れない」**とし、どこで生まれたかにかかわらず、人間は誰もが幸福を求め、苦しみを避けようとするものであり、その権利があるとも述べています。

何世代にもわたり民族間の衝突が続いてきた中東では、心が柔軟な若い世代の個人間の交流を深めさせ、協調共存の基盤をつくろうという試みも始まっています。そのひとつがウエスト・イースタン・ディヴァン管弦楽団。言葉や宗教は異なるものの、音楽への情熱を共有するイスラエルとアラブ諸国の若者を集めて、1999年にスペインで結成されたオーケストラです。家族や社会を離れた第三国で一緒に生活するうちに、敵国からの楽団仲間も自分の兄弟姉妹や友人と同じ人間なのだと実感できます。**周囲からの影響で芽生えた偏見や敵対心が友情に変われば、素晴らしいハーモニーが生まれる**というわけです。楽団員たちはヨルダン川西岸地区での公演を実現させ、イスラエルやアラブ諸国にも歓迎される日を夢見ているそうです。

93

あなたが生まれた時には、
あなたは泣き、世界は喜んだ。
あなたが死ぬ時には、
世界が泣き、あなたは喜べるような
人生を生きろ

北米／チェロキー族

108 TIMELESS LESSONS

自己利益よりも利他精神で生きた人たち

世界がその死を悼み泣いた人物として思い浮かんだのはマザー・テレサ、ダイアナ妃、ネルソン・マンデラ。

マザー・テレサは今の北マケドニア共和国で裕福な家庭に生まれながらインドのスラム街に移り住み、生涯を慈善活動に尽くしたことで知られています。ダイアナ妃は不幸な結婚での悲しみや怒りを慈愛の精神に変換し、慈善活動に力を注いだことで多くの人に敬愛されました。マンデラはテンブ族の大族長の養子となり、若い頃から南アフリカの反アパルトヘイト運動に身を投じ、27年間の投獄生活を経て大統領になってからも慈愛と寛容の精神を失わず、異なる人種や宗教の融和に努力しました。

この3人はいずれも、**自己利益よりも社会のために尽くした利他精神**で世界に認められ尊敬され、その死を嘆かれました。彼らが自分の人生に満足し、死を喜んで迎えたのかは知るよしもありませんが、死後の「人生の再現ドラマ」を見た時には誇らしい気分でいられたことでしょう。

94

過ちを見て
それを正そうとしなければ、
過ちを犯した人と
同罪だ

北米／オマハ族

周囲の圧力に負けない勇気

1990年代半ばのアメリカで起きたある連続テロ事件。犯人は声明文を新聞社に送り、掲載したらテロはやめると言いました。一度は拒否した新聞社が、司法省に促されて声明文を掲載したところ、犯人の兄弟から通報があり、モンタナ州の山奥に隠れ住んでいた男が逮捕されました。男は自然破壊を進める現代文明の行方を憂《うれ》えた元大学教授の数学者。テロは容認できずとも動機は社会の改善、犯人の家族はどれだけの葛藤の末に通報を決断したのかと思いました。

人は見えない周囲の圧力に負けやすいことを示した社会心理学の実験もあります。数人がテーブルを囲んだフォーマルな会食の場で、賽《さい》の目に切り目が入ったマンゴーの一部を主賓《しゅひん》が皮から剥がさずに齧《かじ》ると、隣の人に回しました。非常識で不衛生な行為、一瞬人々の表情が変わりましたが、渡された人も無言でひと齧りして回すと、次の人も……。黙って群れに従うこうした態度を、英語では羊のメンタリティーと呼びますが、健康に関わる事態では羊のほうが独自の判断力を示すかもしれません。

95

1本の糸では布にならない、1本の木では森にならない

＊チベット

108 TIMELESS LESSONS

様々な人が織りなす世界だから美しい

チベットの織物やテキスタイルに使われる青、白、赤、緑と黄色の五原色は、自然を構成する五元素と5つの純粋な光を表現したもの。青は天や空の象徴で、白は気と風、赤は火、緑は水、黄は地の象徴です。チベット仏教医学ではこの5つの要素の調和を保てば健全な暮らしが守れるとされているのです。チベットの風景でおなじみの5つの色のプレイヤーフラッグは、平和、慈愛、強さと知恵が風に吹かれて世界中に広まるようにという祈りの表現のようです。**色とりどりの糸を使うからこそ、様々なメッセージや祈りを織り込んだ布ができる**のです。

森は異なる植物や動物の雑居住まいであるほど、健康を保ち繁茂できます。スペースを譲り合いながら木々が枝を伸ばし、地下でも根のネットワークを広げて水分や栄養分をやりとりしているから、気象や土壌の変化にも耐えられるのです。人間の世界も同様で、様々な人がそれぞれの役割で関わり合うことで機能し、豊かになり、織りなされる社会のファブリックも美しくなるのです。

96

何事も7世代先まで考えて決めなければならない

＊北米／イロコイ族

108 TIMELESS LESSONS

アメリカ合衆国憲法が見落としたもの

この格言は環境保護について語る時によく引用される、**イロコイ連邦**の憲法のなかの条項です。イロコイ連邦は、言い伝えによれば、もとは敵対する先住民が襲撃合戦を繰り返していたところに、どこからともなく「平和の使者」が現われ、その指導のもとで**各部族が白松の下に武器を埋めて平和共存を誓い、そのための憲法を定め、**今でいう議会制民主主義に基づく合衆国を結成しました。

アメリカがイギリスから独立する際に導入したユニークな合衆国制度、議会制民主主義と憲法も、実はアメリカ建国の父とされるトーマス・ジェファーソンらがイロコイ連邦から学んだものだったのです。

残念なことに、アメリカ合衆国憲法の条項には7世代先までの考慮は見当たりません。もし、その理念もしっかり憲法で定めていたら、アメリカも目先の利益重視で300年足らずで社会にガタがくるようなこともなく、サステナブルな国づくりで末永い繁栄も望めたのかもしれません。

Column 7

自分の暮らしを師にできる――普遍の教え

最後の講話を終えたあとに大勢の公衆の目前で虹の身体となって消えた、と伝えられるユトク・ユンテン・グンポはチベット医学の教典『四部医典』をまとめた医薬学者で、チベット仏教の導師でした。

彼は、一番弟子に自分の死期が近いことを告げたところ、「今後誰を導師とすればよいのですか」と嘆かれ、「この世のすべての現象、人生そのものを導師としなさい」と答えたそうです。

いいことか悪いことかにかかわらず、人生で起きるすべての出来事、自分が関わるすべての人々やもの、自然現象を師として何が学べるかを考えるようにすれば、どんな人生も有意義なものになるというわけです。

私はユトクに捧げられた讃歌にある「耳に入るすべての音は師の教えで、八万四千《はちまんしせん》の真言《しんごん》」というフレーズを聞いて、これは特に毎日の暮らしに役立つ教えだと思いました。

他人からの批判や悪口も、周囲からの雑音も、すべて有り難い真言だと思って聞けば、心を煩わされる代わりに薬とすることができるのです。

八万四千という数字は、チベット医学では人には八万四千の心身の病があり、それに対する真言もあるとされていることから来ています。


中国渡来の禅がチベット仏教と融合して発達したチベット禅にも同様の考え方があります。

仏菩薩を頼らずとも、お寺に行かなくても、自然や自分の暮らしを師とできる。周囲のすべてから学べることに気づけば、苦しみは消え、より幸せに生きられるという教えです。

第8章

古代人の警告

108
TIMELESS
LESSONS

97

誰にも知られたくないことはするな

＊中国

108
TIMELESS
LESSONS

秘密は精神も肉体も蝕む

コロンビア大学の研究によれば、**人は平均13の秘密をもち**、多いのは嘘、恋心、金銭問題、性行動、浮気心、社会への不満、家族についての詳細、野心、信頼の裏切り、身体上の不満、恋愛関係の不満などについての隠し事だそうです。

秘密がよくないことは、現代の心理学も明らかにしています。**秘密にされた内容が人や社会に与える影響の大小にかかわらず、秘密はそれを抱えている人にも害を与える**のです。ストレス、不安、ウツ、疎外感や自尊心の低下といった心理的な影響はもちろん、秘密をもつと身体能力も低下するという研究報告もあります。

被験者に「秘密」をもたせた状態で体力検査をしたところ、空間認識力と腕力が大幅に低下していたそう。また、抱えている秘密が大きいと本人が思うほど、目の前の坂が急な傾斜に見え、ものを投げる目標までの距離が長く感じられるそうです。

秘密をもつだけで周囲の見え方まで変わるというのなら、知られたくないことを実際にしてしまったら、自分の住む世界が一変してしまう危険もあるのです。

98

恐れるならするな、するなら恐れるな

＊モンゴル

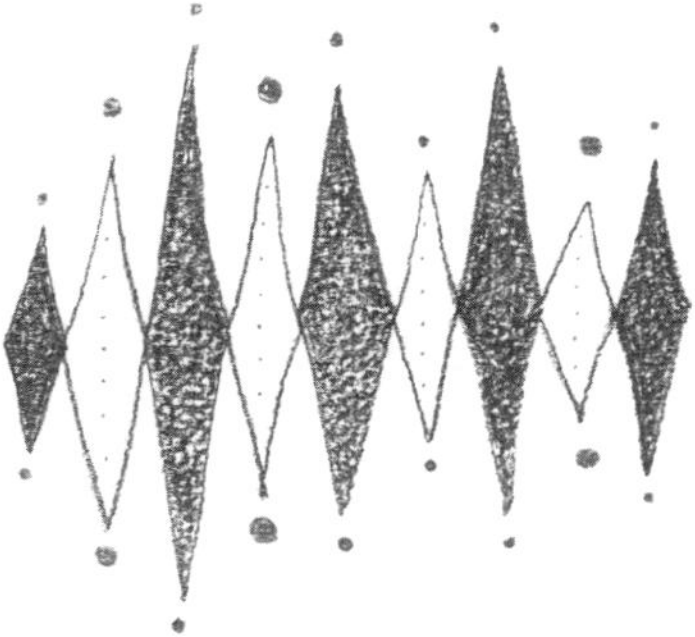

108 TIMELESS LESSONS

どんな人からでも学べることはある

これはチンギス・カンが残した言葉とされています。無一文から身を起こし、世界史上に残る大帝国を築き上げた武将らしい教えです。12世紀にモンゴルで名家のリーダーの息子に生まれながら、幼い頃に父を暗殺され極貧で育ったチンギス・カン。やがて優れたリーダーシップを発揮し、多くの遊牧民の部族が抗争を続けていたモンゴルを一代で統一しただけでなく、今の中国、中央アジアから東欧まで征服しました。

侵略者としてのチンギス・カンが敵を容赦なく虐殺する残忍さで悪名を馳せたのは、**恐怖を植えつけることで、抵抗せずに降参するように敵を仕向ける**という戦略でもあったとされています。残忍さを見せる一方で、征服した地域では宗教の自由を認め、貴族制を廃止し、能力に基づく人材登用を促進し、それまでは普通だった女性や奴隷の売買を禁止するといった先進的で民主主義的な統治も行なっていたようです。

以前までの私は、人を単純に善人と悪人に分けて、悪人には目を向けもしませんでしたが、今ではどんな人からでも学べることはあると思うようにしています。

99

不要な買い物は自分からの盗難

スウェーデン

108 TIMELESS LESSONS

抜け出せない「依存症」になる前に

「ショップホリック」という言葉があります。買い物がやめられなくなる買い物依存症のことです。精神科の医師によれば、ショップホリックも薬物依存症やゲーム依存症と同様で、**行為の最中に感じる快感に脳が虜《とりこ》になってしまう**のです。

特にネットショップでは、いながらにして好きなものが世界中から購入でき、支払い方法を一度登録すればクリックひとつで何でも買える。持ち帰る手間も考える必要がないとあって、つい不要なものまで買ってしまいがちなのは私だけではないでしょう。

予算以上に買う。怒りや鬱憤《うっぷん》のはけ口として買う。前回の買いすぎで感じた罪の意識を打ち消すために買う。買いすぎで人間関係に悪影響が出始めた、買いたい衝動が抑えられない……。こうした症状が病的なショップホリックの兆候で、**この依存症に効く薬はない**そうです。買い物はストレス解消にもなりますが、時に健全な範囲をこえたショップホリックになって、お金だけでなく貴重な時間も失うことにならないよう、要不要のチェックを強化しましょう。

100

喉が渇く前に井戸を掘れ

インド

108 TIMELESS LESSONS

水道水が飲めるのは世界中で13カ国のみ

土壌や地下水の汚染が進んだ今、井戸水をそのまま飲める地域はどれだけあるのでしょう。アフリカなどにはいまだに清浄な水を得るのが困難で、毎日子どもたちが往復4時間も歩き、両手で持てる限りのバケツの水を家族にもたらしている地域もあるようです。公共の水道が普及した先進国では、水は蛇口をひねりさえすれば得られると考えがちですが、**水道水が飲める国は世界中で13カ国のみ**とも言われています。

アメリカでも、マイノリティーや先住民の居住地では、プルトニウムその他の採掘による環境汚染や老朽化《ろうきゅうか》した水道管からの鉛《なまり》の混入などで、水道水が人を病気にするほど有毒になっている地域もあります。乾燥しがちな南西部では水の利用が大幅に制限されている地域もあり、給水車頼りになることさえあります。

人は水なしでは3日か4日しかサバイバルできないのに、現代人は喉が乾いても、水源保全の必要性に気づいていないような気がします。どんな水道管もいずれは朽《く》ちるのです。井戸水が出て、それが飲める、そんな地球を守っていきたいものです。

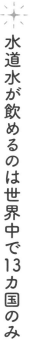

101

蛇にだけ目を向けていたら、サソリを見逃す

アフリカ

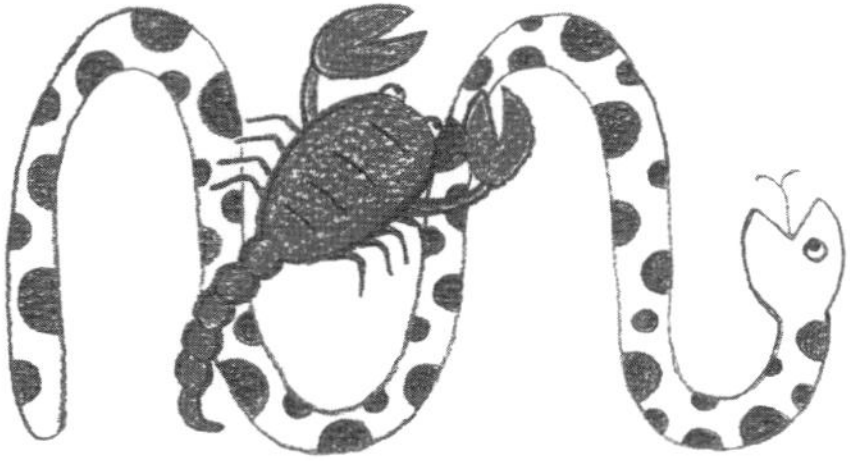

108 TIMELESS LESSONS

本当に恐ろしい敵ほどわかりにくい

蛇《へび》はなぜか嫌われ者ですが、実際には**世界で約3千種いる蛇のうち人間に危害を与えるのは約200種で全体の7%にすぎない**そう。一方、サソリも約1千750種のうち致死の有毒性をもつものは25種ほどだそう。蛇より小さく、他の節足《せっそく》動物との見分けもつきにくいので、私たちが襲われやすいのは事実かもしれませんが……。

個人の暮らしでも、社会の動きでも、**ひとつの危険に気を取られていれば、周囲で起こっているより重大な出来事に気づきにくくなります**。複雑化し、目まぐるしく変化を続ける現代には、一見してそうとわかり誰もが警戒する蛇より、風景に紛れて忍び寄り、素早く人を襲うサソリに近い天敵が急増している気がします。

ネット上ではウイルスを仕掛けたり情報を盗んだりするマルウェアが氾濫《はんらん》。ソーシャルメディアではワクチンの有害性などを懸念する人々をターゲットとした巧妙な陰謀説など、人の社会意識につけ入る有毒なフェイクニュースが急増。世界の人々を洗脳し混乱、麻痺《まひ》させて支配しようとする、人工のサソリの猛毒にも注意が必要です。

102

片足をカヌーに乗せ、片足をボートに乗せたら川に落ちる

✳北米／タスカローラ族

108 TIMELESS LESSONS

「急いては事を仕損じる」

夫に急《せ》かされて車に乗り、出かけた先で自分の歩き方に違和感を感じて足元を見ると、片足には革靴、片足にはサンダルを履いていたことがありました。

夫と大笑いしましたが、車のスピード違反の罰金請求に異議を申し立てに裁判所に行く途中だったので引き返すわけにもいきません。でも、頭がおかしい人だと思われたら困ると思い、ちょっと大げさに足をひきずって、「片足に怪我をして靴が履けなかった人」のふりをして裁判所に出頭しました。

どちらも歩きやすいお気に入りの履物でしたが、片足ずつではヒールの高さも違うのでうまく歩けず、足に伝わる感覚も異なって気持ちが悪かったのを覚えています。

靴の履き間違いは生まれて初めてで、若年性の認知症かとちょっと心配になりましたが、幸いそれ以降はこのような事件はありません。振り返れば、裁判所出頭という慣れない体験に緊張して、地に足がついていなかったということなのでしょう。**急ぐ時ほど焦ってはいけないし、自分自身の足並みにも注意が必要**だと学びました。

103

川の流れは押せない

北米／先住民

108 TIMELESS LESSONS

自然災害の多くは不自然で人工的

せっかちな私は、この格言をよく自分に言い聞かせています。

「自然には逆らえない」という警告は、比喩として様々な状況にあてはまりますが、現実に川の流れが押せず、海の波も押し返せず、突風も止められないことを、大規模な「自然災害」の多発で世界中の人々が再認識し始めています。

大雨で水かさが増した川が問題を起こすのは、決まって人工的に川の流れが調整されたところやダム。アメリカではガンボと呼ばれるオクラのシチューで知られるニューオリンズが、ハリケーンで堤防が決壊したことによる洪水で壊滅的な被害にあいました。工場や農地からの排水も流入した汚染水の洪水は「有毒ガンボ」と呼ばれ、住民の健康への深刻な脅威となりました。記録破りの台風やハリケーンが増えたのも気候変動の影響。多くは自然の災害というよりは、**便利さのために自然を犠牲にしたがゆえに起きた不自然な、人工的な災害**といえるでしょう。

人には川の流れは押せないと諦め、文明の流れを変えるべき時なのです。

104

あなたがするよいことに、欠点を探すな

✳モンゴル

108
TIMELESS
LESSONS

寄付やボランティアは生活の一部

息子の大学入試の際、第一候補だった大学から「学力では合格だが学外活動の情報が不足しているので、活動記録の再提出を勧める」と通知されました。アメリカの大学では、ボランティアなど社会奉仕の履歴も重視されるのです。

中学1年で日本からアメリカの学校に編入した息子にとって、環境に慣れ英語を使いこなすだけもで大変だと思い、ボランティア活動まで参加させていなかったのは親の責任。私には社会奉仕の意識が欠けていたことを反省しました。

ちなみに非営利団体の数をみると、日本は約1千300団体でアメリカは約150万団体。もちろん団体数だけで単純に比較はできませんが、日本では大きな災害時以外にはあまり盛んでない**慈善団体への寄付やボランティア活動が、アメリカでは以前から多くの人の生活の一部になっています。**私は団体の来歴が気に入らずに寄付をやめたり、ボランティア活動も時間や場所を選り好みして行動に移し損なうことが多かったので、この格言に目を覚まされた気がしました。

105

動機はよくても、行きすぎは自分や他人の怪我のもと

✳インカ

108 TIMELESS LESSONS

何事も「程度」をわきまえる

夫に指圧をしてあげると、よく「痛い！」と怒鳴られます。自分は強モミが好きなのでよかれと思って力を入れるのですが、相手にとっては有難迷惑というわけです。

最近ではストレス解消や精神修行のためにヨガや瞑想を生活に取り入れる人が増えていますが、そうした**健康法も、行きすぎれば「薬」が「毒薬」になってしまいます。**ヨガもストレッチしすぎたり、初心者なのに難しい上級のポーズに挑戦したりすれば、肩や腰を痛めてしまうのです。

無心にかえる、といった一見無害そうな瞑想も、短期間で上達しようと集中しすぎたり、はじめから長時間の瞑想や暗室瞑想といった高度な瞑想を試みるのは危険です。頭にエネルギーが行きすぎれば、頭痛や目の痛みを感じる人もいます。瞑想中には光やイメージが頭のなかで見えだすことがありますが、精神疾患がある人や情緒が不安定な人の場合には、それが幻覚や妄想の引き金になってしまうこともあるのです。

動機がいいことならまっしぐらに進めばいい、というわけでもないのです。

106

倒れた場でなく
滑った地点を振り返れ

＊中国

108
TIMELESS
LESSONS

すべての物事は「過程」である

私たちは人生で何かよくないことが起こると、すべての物事が過程であることを忘れて、まずは**直接の関係者や直前の展開のせいにしがち**です。これは結婚や恋愛、友情など親密な人間関係の破綻《はたん》などについて考えてみれば理解しやすいかもしれません。直接の引き金となった事件があったとしても、それ以前のどこかで小さなヒビが入り、次第に亀裂が広がった結果である場合がほとんどではないでしょうか。

会社から解雇された人からよく聞くのも、「当初はショックだったが、考えてみると、キャリアに迷いがあったり、人間関係がうまくいかなかったりして、実は自分の側でも仕事に全力投球できていないことはわかっていた」といった述懐《じゅつかい》です。

アメリカの医療機関では、患者が死亡すると関係した人々が共に治療過程を振り返り、死亡に至った要因を究明し反省点を検討する極秘会議が開かれ、医療の向上に役立てています。私たちも失敗した時には、**ビデオの逆再生のように現在から過去へ遡《さかのぼ》って反省事項を検討してみると**、見えてくることがありそうです。

107

賢人は警告を祝福として受け取るが、愚か者は侮《ぶ》蔑《べつ》と受け取る

スワヒリ

感情的な反応を抑えて相手の言葉を聞くこと

私の気功の師から聞いた話です。修行を積み、外からは見えなくても他人が抱えている身体の痛みを感じ取れるようになったばかりの頃、スーパーのレジ列で前の男性が神経痛か何かで足にひどい痛みを抱えているのを感じ取りました。親切心から、「足が痛いのですね?」と声をかけると、激怒されたというのです。

男性が足を引きずって歩きだしたので、師は、男性が自分の歩き方を馬鹿にされたと思ったのかもしれないと思いましたが、強い拒絶反応に驚き、声をかけたことを謝ってすぐにその場を離れたそうです。恐らく自尊心の欠如から、他人の思いやりを侮《ぶ》辱《じょく》と勘違いした男性は、外気功で痛みをとってもらうチャンスを失ったわけです。

職場や学校でも、相手が家族など親しい相手であっても、**私たちは誰かに忠告されたり助言を受けたりした時にはとっさに、批判された、侮蔑されたと、ネガティブに受け止めがち**です。でも、まずは深呼吸して感情的な反応を抑えて、相手の言葉を噛み締めてみれば、それは祝福の助言に変わるかもしれません。

108

春にはそっと歩け。母なる大地は身籠《みご》もっている

✳北米／カイオワ族

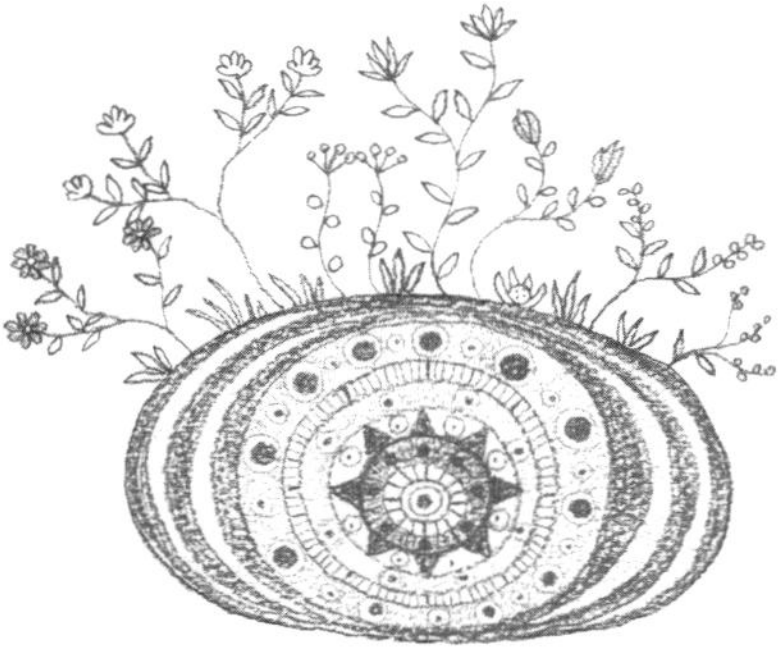

思春期の子どもたちへの接し方への忠告

カイオワ族は、19世紀にアメリカ政府により強制移住させられた歴史をもちます。もともとは農耕民族ではなく、ティピと呼ばれる携帯可能な円錐《えんすい》形のテントを住居として移動しながら狩猟と採集で食を満たしていたそうです。だからこそ、大切な食源となる草木が芽生える春の大地の変化にも敏感だったのかもしれません。

人も地球の生態系の一部であることを思い出させてくれるこの言葉は、思春期の子どもたちへの接し方への忠告としても有益です。自我が芽生え、将来へ夢が膨らむ一方、初めての出来事や体験に戸惑い、自分に自信をもちにくい思春期。かつて自分も通った道でありながら、**大人としてティーンエイジャーを前にすると、その生意気で反抗的な衣の下に繊細な心が隠れていることを忘れがち**です。

親や教師など、周囲の人間の何気ない言葉で、心のなかで温め始めた将来への夢や大志を打ち砕いてしまったり、励ましのつもりのキツい言葉で自信を喪失させてしまったりすることがないように、特に若い世代には気遣いが必要なのです。

✳おわりに――世界は自然の叡智でつながっている

子どもの頃、父は私に「自然がすべてを教えてくれるから困った時は自然から学びなさい」と教えてくれました。学校の勉強のことは一切何も言わず、そして怒ることもせず、おもちゃを買ってほしいとせまると器用に手作りしてくれるような父でした。

そんな父は今、施設に入っています。軽い認知症のような状態ですが、以前お見舞いに行った時に感動する出来事がありました。父の部屋の窓から畑が見えるのですが、そこにちょうど雲間から太陽の光の柱がさし、畑にまっすぐのびていました。それを見て父は、「あの光は自然の掛け軸だよ。すばらしいだろ」と言ったのです。「畑仕事は年老いた人がやると丁寧でとてもいいんだ」とも。

自然と共に生きてきた父が透明感溢れる状態になっているのを感じました。それを医学では認知症というのかもしれないけれど、父を仙人のように感じました。そして施設のスタッフを「私の新しい家族なんだ」と紹介してくれたり、「この年でこんなに立派な家に住めるとはもったいないないな」と、ニコニコして話してくれました。父は本当に幸せそうでした。

父は施設のスタッフの方に私の話をよくしているらしく、「娘は世界のために絵を描いているんだ」と誇らしげに言っていると母から電話で聞いて、いい絵をどんどん描いていこうと心を新たにしました。

実は母もまた自然の叡智で私を力強く育ててくれました。自分で考え、自分で選択し、自分で決めたら最後まで責任をもつこと。それが自由ということなのだと。

そして食の大切さも教わりました。まるでネイティブな教えを生き切っているような両親のもとで、私は世界中の自然からの叡智を1冊の本にできたら素敵だろうなと思っていたのです。

今回、私の尊敬するエリコ・ロウさんが人生を通して得てきた貴重な教えの数々に、私の純粋な思いの絵をつけさせていただきました。古代から現代にいたる世界中の教えに光があたり、ひとりひとりのなかに新しい時代にふさわしい人生観ができてきたら嬉しいと思いました。

価値観とは何でしょうか。それは人それぞれ違い、見方や考え方で変わるものです。でも、そのなかで変わらないものがあるはずです。私たちはそこを知っていれば共生していけるのだと思います。

今回、私がひとつひとつの教えをイメージしながら絵を描いている間に、「叡智」と一体になっている感覚を楽しませていただきました。世界は本当はひとつの大きな自然の叡智でつながっている気がします。そこに土地がもっている個性が文化をつくり、そこにあった気質をつくり、多様性が共存するという奇跡が起きているのだと思います。

こんなにすばらしい自然の叡智、そして、それらは宇宙からふりそそぐ叡智をも取りこんでいるのを、昔の人は知っていたのだと思います。

これをまた私たちは謙虚に、おおらかに取りいれていけたら、素敵だと思います。このような素晴らしい本に絵を提供させていただけたことを光栄に思います。多くの人に、絵からもインスピレーションを感じてもらえたらと思います。

牛嶋浩美

本書は、かざひの文庫より刊行された『太古から今に伝わる不滅の教え108』を、文庫収録にあたり加筆・改筆・再編集のうえ、改題したものです。

時代《とき》をこえて伝《つた》わる
世界《せかい》のことわざ108

著者　エリコ・ロウ（えりこ・ろう）
イラスト　牛嶋浩美（うしじま・ひろみ）
発行者　押鐘太陽
発行所　株式会社三笠書房
〒102-0072 東京都千代田区飯田橋3-3-1
電話　03-5226-5734（営業部）　03-5226-5731（編集部）
https://www.mikasashobo.co.jp
印刷　誠宏印刷
製本　ナショナル製本

 ISBN978-4-8379-3101-0 C0130

王様文庫

「運のいい人」は手放すのがうまい

大木ゆきの

こだわりを上手に手放してスパーンと開運していくコツを「宇宙におまかせナビゲーター」が伝授！　◎心がときめいた瞬間、宇宙から幸運が流れ込む　◎「思い切って動く」とエネルギーが好循環……心から楽しいことをするだけで、想像以上のミラクルがやってくる！

夜、眠る前に読むと心が「ほっ」とする50の物語

西沢泰生

「幸せになる人」は、「幸せになる話」を知っている。　○看護師さんの優しい気づかい　○アガりまくった男を救ったひと言　○お父さんの「勇気あるノー」　○人が一番「カッコいい」瞬間……〝大切なこと〟を思い出させてくれる50のストーリー。

週末朝活

池田千恵

「なんでもできる朝」って、こんなにおもしろい！　○「朝一番のカフェ」の最高活用法　○今まで感じたことがない「リフレッシュ」　○「できたらいいな」リスト……週末なら、時間も行動も、もっと自由に組み立てられる。心と体に「余白」が生まれる59の提案。

K30670